For Beginners
ジジェク

クリストファー・クル=ワント
［著］

ピエロ
［イラスト］

望月由紀
［訳］

現代書館

For Beginners ジジェク
目次

この本の使い方について ……………… 4

I──ジジェクとは
1. 最も危険な哲学者 ……………………… 5
2. 演説的手法 …………………………… 7
3. 精神分析、または不審な科学 ………… 9
4. 理論精神分析学会 …………………… 12
5. 政治的参加 …………………………… 14
6. 伝説的スーパー頭脳 ………………… 17

II──ジジェクの思想マップ
7. 真実という考え ……………………… 19
8. 権力関係 ……………………………… 20
9. イデオロギーの理解 ………………… 22
10. 精神分析の擁護 ……………………… 24
11. 脱構築に抗して ……………………… 25
12. 粗野な思考 …………………………… 27
13. 共産主義者ジジェク ………………… 28
14. コモンズに対する政治的闘争 ……… 29
15. 集合主義的変革 ……………………… 31
16. 抑圧的イデオロギー ………………… 32

III──エコロジー
17. エコロジー、人民にとっての新たな阿片 … 33
18. リベラルなエコロジー ……………… 34
19. 破壊者である自然 …………………… 36
20. 急進的な偶発性に向かって ………… 38
21. 空虚な宇宙 …………………………… 40
22. 地球のためのジジェクのマニフェスト … 42

IV──貧困と消費主義
23. 貧困、メディア、「フェアトレード」…… 43
24. 反資本主義への賛同 ………………… 45
25. 消費者の贖罪 ………………………… 47
26. 慈善病 ………………………………… 48

V──〈9.11〉
27. マックワールド対ジハード ………… 50
28. タリバンの真実 ……………………… 53
29. 〈9.11〉のパラノイア ………………… 56
30. イデオロギーと抑圧 ………………… 59

VI──精神分析 I　象徴秩序と〈大文字の他者〉
31. 象徴秩序 ……………………………… 60
32. トロイの木馬 ………………………… 62
33. 意味、そして象徴秩序 ……………… 63
34. 〈大文字の他者〉 ……………………… 64
35. 皇帝の新しい服 ……………………… 66
36. 欠如 …………………………………… 67
37. 普遍的交換システム ………………… 68
38. 彼らは知らない… …………………… 71

VII──精神分析 II　超自我
39. フロイトと超自我 …………………… 72
40. 正しいことをしている ……………… 74
41. …間違った理由で …………………… 75
42. 組み込まれた宗教的罪 ……………… 76
43. 世界の暗闇 …………………………… 77

VIII──法とわいせつさ
44. ヒッチコックとわいせつさ ………… 78
45. カフカと法のわいせつさ …………… 81
46. 『審判』 ………………………………… 82
47. モダン、もしくはポストモダン？ … 86
48. ポストモダンと存在 ………………… 88
49. 教会の倒錯 …………………………… 90
50. 教会は存在しなかった ……………… 91

IX──ナチスとスターリニズム
51. ナチスの汚い秘密 …………………… 92
52. スターリニズムとの相違 …………… 94
53. 過度の非合理性 ……………………… 97

X──欲望
54. 神の死 ………………………………… 99
55. 寛容な社会の神話 …………………… 101
56. 父権主義の形 ………………………… 104
57. 父親殺し ……………………………… 106
58. 楽しめ！ ……………………………… 107
59. 常に存在する欲望の対象 …………… 109
60. シミュレーションされた享楽 ……… 110
61. 自分自身に忠実であれ ……………… 113

62. 広告のイデオロギー ……………… 114

XI── 虚構の主体

63. 「良いこと」をせよ ……………… 116
64. 除去されたリスク ………………… 117
65. 虚構の主体に立ち向かう……… 120
66. 現実喪失 ……………………………… 123
67. われ思う? ………………………… 124
68. Ｓから $ へ ………………………… 126
69. 言語の虚構性……………………… 127
70. 目の錯覚 ……………………………… 129
71. アナモルフォーシス ……………… 131

XII── 不道徳な倫理

72. ブニュエルと意味への欲望 … 133
73. 不道徳な倫理……………………… 135
74. 法を超えた欲望………………… 136
75. 対話の拒絶 ………………………… 138
76. 『ドン・ジョヴァンニ』における不道徳な倫理…
…………………………………………… 140
77. …そして『カルメン』…………… 142

XIII── 革命と暴力

78. 革命的な倫理 ……………………… 143
79. 美徳としての恐怖……………… 144
80. 孤独の中の決定 ………………… 147
81. 善悪の彼岸 ………………………… 148
82. いかなる犠牲を払っても変革を … 151
83. スターリンの再評価 …………… 152
84. 暴力と不能 ………………………… 154

XIV── 義務

85. 〈大文字の他者〉との妥協はない … 156
86. 義務と定言命法………………… 158
87. 〈大文字の他者〉など存在しない…… 162

XV── 聖書（ヨブ記）

88. 〈大文字の他者〉と聖書 ……… 163
89. ヨブの試練 ………………………… 164
90. 冒瀆者としての神……………… 166
91. 神の失敗 ……………………………… 168

XVI── 不確実な世界

92. 量子の不確実性 ………………… 170
93. デジタル・リアリティ ……………… 172
94. 未完成の現実の自由…………… 174

ブックリスト　175
もっとジジェクを知りたい人たちへ　177
もっともっとジジェクを知りたい人たちへの
　ブックリスト　180
人名・事項索引　181

凡例
・本文中の（　　）は原著による補足である。
・本文中の〔　　〕は翻訳者による補足である。

この本の使い方について──訳者からのメッセージ

本書は Christopher Kul-Want: *Introducing Slavoj Zizek: A Graphic Guide,* 2011, Icon Book の全訳である。原著はイラストガイド・シリーズの1冊であり、ジジェクの生い立ちから、彼の広範にわたる思想全体までを、網羅的、かつコンパクトに図解している。

「イラストガイド」が示す通り、ジジェク自身はもちろんのこと、ラカンやマルクス、ロベスピエールだけでなく、「母なる地球」やヨブと神など非実在のキャラクターまで登場し、ときにジジェクと会話しながら彼の思想をあぶり出していく。対話を好むジジェクの話し声が聞こえてくるようだ。そしてジジェクの読者にはおなじみの、シベリアで決して手に入らない赤インク(21頁)、寛容でポストモダンな父親(112頁)、カフェイン抜きのコーヒー(117頁)といった寓話が、ジジェクの思想においてどのような意味を持つのかが、直感的に把握できる頁構成になっている。

ジジェクの思想については、ジジェク本人が「解説」した『ジジェク自身によるジジェク』があり、またトニー・マイヤーズによる『スラヴォイ・ジジェク』が邦訳されているが、それらもやはり難しさが残るだろう。彼の思想をイラストによって図解した本書は、まさにジジェク初学者にとってふさわしいだけでなく、何度もジジェクの著作に挫折したジジェク・ファンにとっても、最良の「導きの書」になるはずである。

本書はどこから読んでも良いような構成にはなっているが、やはり関連したテーマごとに読み進めるほうがわかりやすい。そこで原著にはない通し番号を各トピックに振り、さらに大まかなテーマごとに大見出しを付けた。

その大見出しに沿って本書を概説すると、最初にジジェクの主に学問的な背景が説明され(Ⅰ ジジェクとは)、続いてジジェクの重要概念である「イデオロギー」「精神分析」「共産主義」が説明され、それらを通じて「真実」や「権力」がどのようにとらえられているかの見取り図が示される(Ⅱ ジジェクの思想マップ)。ここを最初に押さえた上で、「Ⅲ エコロジー」や「Ⅴ〈9.11〉」などの社会問題に進んでもいいし、あるいは「Ⅶ 超自我」や「Ⅺ 虚構の主体」といった哲学的テーマに飛んでもいいだろう。

ただし、エコロジーは消費主義やイデオロギーの問題でもあり、超自我は主体の責任に大きく影響しているように、各トピックは他のトピックとも密接に関連している。ジジェクを解説する本書の構成自体が、ジジェクの議論の幅広さと、それらが彼の複雑な思考ネットワークの中で編み上げられていることを示している。

ジジェクの著書は日本でもすでに40冊以上翻訳されており、術語としてenjoymentには「享楽」、obscenityには「猥雑」の訳語が定着しているが、enjoyは「楽しむ・め」の訳語を、そして法や大量虐殺がヒッチコックの『裏窓』におけるのぞき見と同じobscenityで語られる重要性を鑑み、よりセクシュアルな意味を込めて適宜「わいせつ」の訳語を当てた。これは81頁の裁判官の表情を見ていただければ、その両義性がご理解頂けるだろう。

また、本文内にはジジェクの著作・発言からの引用がふんだんに盛り込まれているが、原著では引用元が示されていないため、出典が明らかであるものについてのみ、文末にタイトルを添えた。タイトルと番号は、175・180頁のブックリストと対応している。とりわけ原著(2011年)以降に刊行された著作については、「もっともっとジジェクを知りたい人たちへのブックリスト」をご覧いただきたい。

本書を手がかりにして、ジジェクの広大で難解な議論を追うことができる快楽を、(イデオロギー抜きで!)楽しんでもらえれば幸いである。

I —— ジジェクとは

1. 最も危険な哲学者…

　スラヴォイ・ジジェクは、アメリカの新保守主義誌「ニュー・リパブリック」によれば「西洋で最も危険な哲学者」であり、英国の「オブザーバー」紙によれば「新左翼のスーパースター・メシア」と称されている。彼は急進的な知識人であり、歯に衣着せない物言いで有名である。

　ジジェクは論争家としても名高い。彼の哲学的な関心は、2010年の彼の著書『終焉の時代に生きる』のタイトルが示しているように、世界の破局が差し迫っているという広く流布した感覚、そしてその感覚の根底にイデオロギー的大義が存在していることにある。彼の興味は、今そこにある、世界規模での政治的・経済的・環境的危機に向けられている。

危機はある種の終わりに
急速に向かっている

ジジェクはいくつものテレビ・ドキュメンタリーに出演し、ヨーロッパやアメリカで売り切れ続出の講演は、YouTubeで何十万回も再生されるなど、常に精力的に活躍している。彼の著作は20以上の言語に翻訳されており、現代において彼ほど人気のある哲学者はいない。たとえ彼の考えが多くの場合、複雑で理解しづらいものだとしても、だ。

　この人気の理由は何だろうか？　多くの人が、ジジェクのような哲学者、つまり貧困や環境問題、政治的弾圧といった世界的問題について真剣に考えてきた、彼の話を聞きたがっているからだ。

2. 演説的手法

　ジジェクはこれまでに数え切れないほどの論文を雑誌やオンラインで発表し、50冊以上の著作〔2011年当時〕を出版している。時として年に1冊のペースだ*。多くの哲学者と違い、ジジェクの文章は基本的に、思考や言説に対して演説的にアプローチすることから生まれている。彼の考えを聞いても彼の文章を読んでも魅力的なのは、この演説的手法のためである。

　ジジェクの執筆プロセス自体が、アイデアを伝えるための直接的な手法であることがよくわかる。

*2011年以降はそのペースがさらに加速し、年に2冊以上出版している年もある。

　この執筆方法の利点は、彼の思考が自ずと湧き出るプロセスがそのままに保存できるところにあり、また、彼が自分の考えを述べる際の楽しげな様子が反映されるところにある。

ジジェクは1949年にスロベニアのリュブリャナで生まれ育ち、現在も暮らしている。ジジェクが生まれた当時、リュブリャナは旧ユーゴスラビアの一部であり、東アルプス地方の小首都だった。幼少期は公務員の両親の元で育った。

私も、旧ソ連の衛星国にいた多くの若者と同様、西側文化に熱狂し、夢中になったんだ。当局お墨付きの国産テレビ放送や本、映画よりもね

ジジェクはハリウッド映画についても数多く執筆しているが、その知識のほとんどがティーンエイジャーの頃のもので、当時は外国映画を専門に上映する映画館に入り浸っていた。

3. 精神分析、または不審な科学

　リュブリャナ大学の学部生時代、ジジェクは共産主義の理念を支持しなかったため、次第に大学当局と衝突するようになっていった。彼は大学の認可課程にこだわることなく、ジャック・ラカンやジャック・デリダ、その他、社会主義陣営では見向きもされなかったような、主にフランスの哲学者たちの著作に夢中になった。

　最終的にジジェクの哲学研究は、精神分析と〔社会主義的〕集産主義的政策の調停になった。

ジジェクは1971年にリュブリャナ大学で哲学と社会学の学士号を取得した後、同大学でそれまで研究してきたフランスの哲学者に関する修士論文を執筆し、学位を取得しようとした。彼の研究は哲学科の教員の興味を大いに引いたが、そのイデオロギーに対して疑念が呈された。

私たちはジジェクに、自分の考えと、公認マルクス主義理論との相違に関する概略の補遺を書かせました。ジジェクは最終的に1975年、哲学修士号を授与されたのです

ジジェクは大学への就職が決まりかけていたが、その枠は党の方針に近い別の候補者に取られてしまった。

　ここで政府のスピーチライターの仕事に就いたおかげで、後の1979年に、リュブリャナ大学の社会哲学研究所の研究員になる機会にもつながった。ジジェクは国際的な名声を得た後でも、何十年にもわたりこの職に就き続けたのだった。

4. 理論精神分析学会

　1970年代にジジェクは、フランスの精神分析医である**ジャック・ラカン**（1901〜81年）の理論を研究する、スロベニアの重要な学術グループのメンバーになった。そして彼らとともにリュブリャナに理論精神分析学会を設立した。この学会には有名な**ムラデン・ドラー**（1951年〜）や、ジジェクの2番目の妻でもある**レナータ・ザレクル**（1962年〜）が所属しており、『問題（*Problemi*）』という機関雑誌が編集出版されていた。

　ジジェク自身が指摘しているように、スロベニアで精神分析が人気だった理由は、その他の旧ユーゴスラビア諸国と違い、通常であれば論争の的となるようなテーマに口をはさんだり抑え込もうとする精神分析グループが、このときにはなかったためである。

1981年、ジジェクはパリへ向かい、ラカンの娘婿である**ジャック=アラン・ミレール**（1944年〜）に師事した。ミレールはパリでラカンに関する公開討論を行っており、さらに30人の精鋭学生からなるフロイト大義派ゼミを開催し、彼自身もラカンの仕事について深く研究していた。ジジェクとドラーは二人ともこのゼミへ誘われたが、現在のジジェクの思考に影響を与えているのも、ジジェクが後期ラカンへの理解を深めたのも、まさにこのゼミだった。ミレールはジジェクに教育フェローの職を世話し、また彼に教育的精神分析を行った。

5. 政治的参加

　ジジェクが政治活動に積極的に参加した1980年代とは、旧ユーゴスラビアの共産党中央政府が、国民の生活文化を支配する力を徐々に失い始めた時期だった。彼は有名な新聞にコラムを書き、スロベニアがユーゴスラビアから独立する間際の1990年（実際に独立するのは1991年の十日間戦争後）、スロベニア共和国の大統領（スロベニア大統領府の4人の共同議長席）に立候補した。

私は
「スロベニア自由民主党」
候補者として立候補
したけれど、僅差で
当選を逃してしまった

　ジジェクの執筆活動が開花したのも、ちょうどこの時期である。まず、英語で書かれた彼の最初の本『イデオロギーの崇高な対象』(1989年)が出版された。

現在ジジェクは多くの研究ポストに就いている。リュブリャナ大学、ロンドン大学バークベック・カレッジ、スイスにある欧州大学院〔加えてニューヨーク大学〕である。彼は自分の研究と執筆を続けるために、学者という権利を維持し続けている。彼がこのようにしてまで知的自由を保持しようとするのは、共産主義体制の名残りといえる。かつて知識人は、国家の理論的基盤の重要な一部と見なされており、有益な貢献をしているようであれば、金銭的な支援も行われていたからだ。ジジェクはこの自由を大事にしている。

ジジェクは有名になるにつれて、アメリカでもしばしば教員職をオファーされるようになり、特に大学のカルチュラル・スタディーズ学科から熱烈な招聘を受けた。彼はそれらのオファーを全て断り、その代わりに客員研究員として一年の大半を、様々な研究機関から研究機関へと飛び回って過ごした。

6. 伝説的スーパー頭脳

　公人としてのジジェクは挑発的な言動も辞さないが、その反面、とても魅力的で親しみやすい性格でもある。彼は、西側諸国が共産主義時代をいとも簡単に見捨てたと考えており、自身が共産主義について内部事情通であるという前提で、西側の聴衆に語りかけている。

　ジジェクには挑発的な側面もあるが、哲学と政治に対する造詣は驚くほど深く、アイデア炸裂の伝説的超優秀インテリとして振る舞っている。彼は激論を展開することもあれば、意図的に公開討論や論争を避けることもあるが、これは、聴衆や対話者が、政治的責任や個人的責任について、自分自身で決断しなければならないような空間を作り上げるための戦術なのだ。

ハリウッド映画（古くはサイレント・コメディ、特にチャールズ・チャップリンの映画から、現在の大ヒット作まで。ジジェクは特に『ターミネーター』『マトリックス』『エイリアン』シリーズが好きで、アルフレッド・ヒッチコックやデヴィッド・リンチの作品も大好きだ）

大衆小説（スティーブン・キングやパトリシア・ハイスミス、アーサー・コナン・ドイル、アガサ・クリスティ、そしてルース・レンデルなど）

「高級」文学（ソポクレス、シェイクスピア、カフカ、ヘンリー・ジェイムズなど）

18〜19世紀のオペラ（特にモーツァルト、ビゼー、ワーグナー）

遺伝生物学、神経科学、量子物理学など

私がこうした作品について考えているのは、それらが深刻なイデオロギー的・政治的問題を提起していると思っているからだ。それどころか、哲学的な問題はこうした作品を**通して**取り組むといいと思うよ

7. 真実という考え

　多くの哲学者や知識人たちと違って、ジジェクは、**真実**という考えを恐れていない。彼が真実を語ろうとする姿勢は、近年の知的・哲学的傾向に逆行するものであり、非常に魅力的だ。ドイツの哲学者である**フリードリヒ・ニーチェ**（1844〜1900年）が19世紀末に、「神は死んだ」と宣言したのは有名だが、その時同時に真実、つまり議論の余地のない事実または現実、という考え方もまた、神から与えられた一連の価値観に対する信仰と同様に評判を落とし、全く疑わしいものになったのだ。

　ニーチェ以降に残されたのは、全ての価値観や信念、そしてそれに付随する真実は相対的であり、部分的であるというリベラルな考え方だった。信念システムは存続するかもしれないが、今やほとんど真実性を有していないのだ。しかしジジェクは、それが疑わしく、かつ時代遅れになっているという事実にもかかわらず、真実という考えに固執している。

極端な懐疑主義とリベラリズムの時代だけど、まだまだ哲学には真実をつかみ取ることができると主張したいね

8. 権力関係

　真実という考えでジジェクが主張したかったのは、神の存在に関する真実といったスピリチュアル・形而上学的な考えでもなく、また従来の哲学のように、意味や思考を支配している一連の普遍的な原理や法則でもなかった。

真実という言葉によって私は、
社会を支配している現実の**権力関係**だけでなく、社会
的・政治的な自由の実現を妨げるような
イデオロギーを理解することを意味しているんだ

　ジジェクは本質的に政治哲学者であり、政治の分析に全力で取り組んでいる。彼は政治的な言説に介入することによって、人々の考えに影響を与え、社会を変える一助となれると信じているのだ。

政治的・社会的な自由達成の障壁を言い表すために、ジジェクはよく古いジョークを持ち出す。

旧東ドイツの労働者がシベリアで仕事を得たんだ。全ての手紙が検閲されるであろうことはわかっているので、彼は友達にこう言った。「ルールを決めておこう。僕から来た手紙が普通の青インクで書かれていたら、それは真実だ。もし赤いインクで書かれていたら、それは偽りだ」

1.『「テロル」と戦争』

1ヶ月後、友人は最初の手紙を受け取った。それは青インクで書かれていた。

ここでは何もかもが素晴らしいよ。お店は人で一杯だし、食べ物はあふれかえっている。アパートは広々としていてきちんと暖かいし、映画館では西側の映画も上映している。美しい女の子が沢山いてベッドに行く気満々だ。手に入らないものはただ一つ、赤いインクだけだ。

　ジジェクにとってこのジョークは、社会の中で誰をも**主体**として確立させているイデオロギーについて語ることの、根本的な難しさを要約している。ここでの「主体」とは、言語やコミュニケーション、交換（「象徴秩序」、60頁参照）を支配している規則と理想を、十分に意識することなく遵守している人のことである。

9. イデオロギーの理解

イデオロギーとは自己同一性というフィクションが、言語の構造、そしてより広義には、象徴秩序を通して構築される方法のことである、とジジェクは述べている。

イデオロギーと、それが社会的・政治的言説にはっきりと現れる様々な方法を理解するためには、2人の重要な哲学者に言及する必要がある

カール・マルクス（1818〜83年）と彼の思想的指導者であるG. W. F. ヘーゲル（1770〜1831年）、そしてラカンに始まる精神分析だ

ジジェクによれば、マルクス主義と精神分析に共通しているのは、自己の完全なる意識に到達するのは不可能だということである。マルクスはこの考えを資本主義に適用した。後にラカンは、言語構造に関して同じことを行った。マルクスは、主体は経済的な交換行為（商品売買）において形成されると提唱したが、ラカンは、言語が話されるときに主体が構築されると示唆した。

これらマルクス主義と精神分析という2つの知的伝統は時代遅れであり、もはやポストモダンの現代社会にはそぐわない、と主張するリベラル派や保守派の作家・評論家は少なくない。これにはいくつかの理由がある。第一に、マルクス主義は、1989年の鉄のカーテン崩壊後のソ連・東欧圏だけでなく、中華人民共和国においても、共産主義が終わりを迎えたと共に衰退したからだ。そのため、マルクス主義は過去に属するものと見なされているのだ。

第二に、権力関係は根本的にイデオロギーの問題である、というマルクス主義の中心的主張は、今や効力を失っているからだ。なぜなら、私たちはポストイデオロギー社会に生きているのだから

デービッド・キャメロン〔第75代イギリス首相〕

10. 精神分析の擁護

　一般的に精神分析は、もっぱらお金持ちや上流階級を甘やかすための娯楽に過ぎない、というある種の常套句として描かれる傾向がある。ウディ・アレンは自作の映画の中で、ニューヨークの自己脅迫的なリベラル派たちが、このクリシェをあげつらう様をウィットに描いている。ジジェクは精神分析に対してしばしば繰り返される典型的な批判を、3つに要約している。

フロイトは
セックスに取り憑かれ
ていた！

精神分析はいまだに
有効なのだろうか？

精神分析は、わたしたちの心の働きを面白く創作したものに過ぎないわ

　マルクス主義は時代遅れであり、精神分析は現代の関心や興味には不適切である、という批判に対してジジェクは激しく反論し、これらの学問は、イデオロギーを通じて伝達される今日の政治的不自由を理解するために、重要であると主張している。

11. 脱構築に抗して

　ジジェクは、隔絶された知恵の象牙の塔を打ち壊せないと彼が信じるところの哲学者たちと自分とを、意図的に区別している。この点でジジェクは、1960年代以降に哲学、文学、カルチュラル・スタディーズに大きな影響を与えた、脱構築という哲学運動を、特に批判している。脱構築の考えは、特にフランスの思想家**ジャック・デリダ**（1930〜2004年）と結びついており、その主な主張は、意味とは決して安定したものでも固定されたものでもない、というものだ。

考えたり、喋ったり、書かれたものは全て、それが明晰で一貫しているように見えたとしても、常に語り得ぬ何かが残余しており、抑圧すらされているんだ

デリダはスイスの言語学者**フェルディナン・ド・ソシュール**（1857〜1913年）の影響を受けている。ソシュールは、言葉には固有の意味がないとした上で、ゆえにネコはなぜネコと呼ばれるのか、ということについての本来的な理由は存在せず、実際のところ全てのものは固有名か固有の言葉で呼ばれている、と述べている。結果として、意味は永久に「差延」し、決して獲得されることがない。意味は途切れることなくシニフィアン連鎖*を移動するだけなのだ！

*シニフィアン（声や文字など表すもののこと、能記）が多様な方法で鎖のように繋がった連合状態のこと。シニフィアン連鎖の中から意味が立ち現れる。

> 誰かが辞書で単語を調べても、その定義は定義自体の意味を調べることでしか見つけられないのと同じで、そのプロセスは潜在的には永久に反復可能なのだ

ジジェクはこの言語分析に必ずしも反対しているわけではないが、脱構築が生み出しているのはただ、人々の生活に影響するはずの政治世界からは隔絶された、書くことについて書くというブルジョア的で学術的な行為であることに対して強い懐疑を抱いているのだ。

12. 粗野な思考

　ジジェクはデリダのような哲学者よりも、**ベルトルト・ブレヒト**（1898〜1956年）といった思想家により与している。ブレヒトはドイツの大戦間期に活躍したマルクス主義の劇作家である。ジジェクは特にブレヒトの次の発言に惹きつけられている。

> 粗野な思考を学ぶこと以上に大事なことはない。粗野な思考は偉人の思考なのだ

　ブレヒトにとって「粗野な思考」とは、直接的で的を射た政治的思考形式を意味した。ブレヒトは自分の演劇作品（彼はそれらを「叙事的演劇」と呼んだ）が観客を真実に目覚めさせ、階級分断を覆っているイデオロギー状況を明らかにする、と考えていた。ブレヒトの教訓的な演劇アプローチは、例えばマルクス主義の知識人である**テオドール・アドルノ**（1903〜69年）といった人々にとっては権威主義的に映った。しかしジジェクにとって「粗野な思考」は、書いたり哲学的に考えたりするために望ましい、超然とした忖度のない方法だった。

13. 共産主義者ジジェク

　ジジェクの哲学や思考は、政治的には急進左派の立場から形成されている。ジジェク自身は共産主義者を公言している。しかしながら彼は、自分の考えを全体主義的共産主義思想、すなわち、ソヴィエト連邦の**ヨシフ・スターリン**（1879〜1953年）や中華人民共和国の**毛沢東**（1893〜1976年）の思想からは距離を取ろうと苦心している。

14. コモンズに対する政治的闘争

　マルクスの著作、そしてロシアや中国における共産主義の発展史に対する
興味は継続しつつ、さらにジジェクは、「共産主義」という用語がコモンズという
言葉に由来する、その語源的な意味の関係についても考え続けている。

だけどその時代に、
それらの利用権を勝ち取る歴史に
ついても表すようになっただろ

　この闘争は、私的土地所有権に対する主張を前にして最終的に失敗に終
わったが、ジジェクは「共産主義」という用語を本来の意味で理解したとするな
ら、今日においても「解放のための政治」を展開することと強く関係している、
と信じている。

今日では、解放政治という形を取るところの、「われわれ社会的存在に共有されたもの」という共通の大義にかけられているものを明らかにするために、ジジェクは社会的・政治的に闘争すべき基礎的な領域を、3つにまとめている。

① **文化**：第一義的には言語であり、加えて私たちのコミュニケーション手段や教育手段、そして公共交通機関や電力、郵便といったインフラ設備も含まれる

② **外的自然**：原油から森林、そして自然環境それ自体までが、汚染と開発に脅かされている

③ **内的自然**：遺伝子工学的遺産としての人間

⑭『大義を忘れるな』

15. 集合主義的変革

　社会的・政治的闘争に関するこうした問題に対するジジェクのアプローチ方法は、彼自身の政治的・哲学的バックグラウンドに由来する。彼はユーゴスラビア共産主義体制の中で育ってきたため、政治的・経済的変革に対する社会的・集合主義的計画を信頼しているのだ（それは必ずしも彼が若い頃のものと同じではないのだが）。

それは集団的に採択されるよう意図した、私自身の政治的変革のマニフェストにも反映されている

　ジジェクは共産主義体制下で育ったので、ロシアや東欧諸国におけるスターリン体制について独自の理解をしており、西側の懸念にもかかわらず、その時代からは力の本質や急進主義について学ぶべきことがたくさんあると、信じている。

16. 抑圧的イデオロギー

　ジジェクは、現在の政治的闘争とイデオロギーによる抑圧の形態を、哲学者として分析している。

イデオロギーによる抑圧に関する私の標的の一つは、経済交換レベルにおける**資本主義イデオロギー**だね

特に批判したいのは**リベラリズムのイデオロギー**と、貧困や社会的困窮に対して、あいつらが言うところの「倫理的な」アプローチだよ

　ジジェクは精神分析も勉強していることから、心理的抑圧について、そして「超自我」（別名〈大文字の他者〉、66頁参照）、すなわち精神に内在する権威主義者が個人と社会の両方を抑圧する方法についても、注意を促している。

17. エコロジー、人民にとっての新たな阿片

　ジジェクは、環境問題が今日の政治闘争において最も重要な領域である、との認識を示している。なぜなら環境危機は世界的に進んでいるが、主要国はこの危機を食い止めることに何も役立っていないからだ。この事実を前に彼は、救済法として急進的なアプローチを提示している。

> そもそも、これまでの自然に対する考えかたとは全く違う発想が必要だよ

　ジジェクはフランスの哲学者**アラン・バディウ**（1937年〜）と同じ立場を取り、今日の生態系に対する支配的な態度が非常に保守的であり、「自然」を全くの純真無垢であるとするのは、ほとんどスピリチュアル的な誤解であると考えている。マルクスの名言に倣って彼は、「宗教に代わってエコロジーが、大衆の新たな阿片になっている」と宣言している。

18. リベラルなエコロジー

　ジジェクの主張によれば、自然に対する私たちの考え、特にエコロジーに関心を持つリベラル層の考えの多くは、依然としてキリスト教的・ロマン主義的なイデオロギーに支配されている。これらのイデオロギーでは、「自然」は調和的で恩恵をもたらすものと見なされ、地球は「母なる大地」として育み、慈悲深い存在とされる。しかし今日、有害廃棄物や地球温暖化によって、地球の生物圏の「自然のバランス」は大きく崩れつつあるように見える。

リベラル派にとって地球温暖化は、神聖な地球を侵害するものであるかのようだ。そして、その責任について問えば、人類は有罪である。リベラル派によれば、人類が学ぶべきこととは、地球を慎重に取り扱わなければならないということだ。「リベラル派が繰り返し強調することは、私たちの有限性だ。私たちは、私たちの境界を大きく越える生物圏に組み込まれた、有限の存在なのである。私たちに生物圏を狂わせたりバランスを崩させる力があったとしても、それを完全に支配することはできないと、認識しなければならない」。

⑭『大義を忘れるな』

人間と自然との関係に対して警告的なアプローチが機能している様は、宗教が疑いの余地のない権威として、私たち自身の考え方に制限を課しているのと同じだね

19. 破壊者である自然

　エコロジーについてのリベラル派の考えに抗して、ジジェクは「自然」を実際には甚大な破壊をもたらすものであると指摘する。この点について彼は、**チャールズ・ダーウィン**（1809～82年）によって提唱された進化理論は間違いだと考えている。「ダーウィンは、自然の無数のデザインはそれらがなされねばならないことを、例えば動物が見たり食べたり日光から栄養を作り出したりといったことを、完璧にできるように磨き上げられている、と信じていた」。　　　　⑭『大義を忘れるな』

違う！　自然はいじくり回すし、その場しのぎで限定的な成功を収めるたびに大惨事を引き起こすんだ

実際、進化は大惨事や災害からできあがっているし、ポンコツな進化は我が歴史の一部だよ

自然の歴史のどの点においても、物事は違う道を歩み、違う結果になったかもしれない

こうした考えを強調するためにジジェクは、私たちが依存している石油やエネルギーは、過去に起こった想像もつかないほど巨大な自然災害がもたらしたものであることを指摘している。そして彼はこう問いかける。もし進化がそれほどにも完璧に計画されているとしたら、なぜ人間のDNAの9割以上がジャンクなのだろうか？　ジジェクはラカンの大胆な「女性は存在しない！」宣言を引用しながら次のように主張する。

ラカンの宣言が、家父長制的で理念化された女性観に抵抗しようとしたのと同様に、ジジェクは、人類が破壊した世界がなんらかの形でバランスの取れた状態に戻るかもしれない、という感傷的な考えを打ち消そうとしている。

20. 急進的な偶発性に向かって

　ジジェクは、環境危機が私たちの世界観に与える影響を明確に理解しており、地球温暖化の恐ろしいまでの影響を警戒している。「地球温暖化によって私たちの日常生活の基盤が脅かされている。それは、私たちの存在の最も基本的な形式であり支えであるところの水や空気、年間の季節のリズムなどであり、私たちの社会活動を支えるこの自然の基盤は、偶発的で信頼できないものとして立ち現れているのである」。

　環境の危機に対する通常の（リベラルな）反応は、「地球の自然なバランス」に戻る道を見つけようとすることである。しかしジジェクはそれを危機の本質から逃れるための手段に過ぎないと考えている。

ジジェクの主張によれば、環境危機から学ぶべき教訓は、世界に関する感傷的な考え全てを、捨て去らなければならないということだ。人類は帰るための大地や自然なバランスなど有していないし、そもそもこれまでにも有してなどいなかったのだ。ジジェクにとって私たち人間は、完全に偶発的で、全くコントロールできない存在なのだ。

環境危機は、人間が空虚で無意味な存在であることを最も説得的に経験させる

それは重要だよ。なぜなら自分自身について、そして私たちが存在している環境についてのロマンティックで宗教的な考えの残滓（ざんし）を剝ぎ取ることができるからね

　環境危機によって私たちはさらに、地球規模の変動や、それとどうつきあっていくかという問題（たとえそれがどれほど劇的であろうとも）に対して、よりオープンで柔軟な方法で向き合うことができるようになるのだ。

21. 空虚な宇宙

ジジェクは、宇宙に対する自分の見方が悲観的であることを認めている。

> 宇宙を見れば、大きな空虚がある。
> 何もない。全く文字通りの意味だ。
> 根本的にそこにあるのは、ただ断
> 片的で消滅するものなんだ

宇宙の中で最初の物質はどのように出現したのかという問題について、ジ
ジェクは量子力学の考えを支持している。量子力学によれば「宇宙は空虚だが、
正電荷を帯びている。その空虚のバランスが崩れると個々の物質が出現する」。

ジジェクは量子力学の「ビッグバン」理論を次のように解釈している。「何かが
ひどく間違っていた。私たちが創造と呼ぶものは宇宙の大惨事であり、宇宙の
過ちなのだ」。このビッグバン解釈は、事物の根本的な偶発性を内包したジジェ
ク自身の無神論的哲学と、非常にマッチしている。

こうした悲観的な側面にもかかわらず、ジジェクは憂鬱症(メランコリック)でもないし、存在の無意味さに拘泥(こうでい)するような実存主義者でもない。彼は生態系の危機に対応して、緊急に何かをする必要があると考えるタイプのアクティビストだ。ジジェクによれば、政治家はこの問題に対して効果的な対応ができないでいる。

現在の政治家は信用できない

実際彼らは、将来の壊滅的変化に向かって誘導すらしている。なぜなら彼らのものの見方といったら限定的で、資本主義の利益に適うように状況を管理しているに過ぎないからだ

ジジェクは、現在の困難な状況に必要なことは、共通の利益のために、そして生態系の危機を深めている冷酷な市場の力に対抗するために、極端な手段を取ることだ、と考えている。

22. 地球のためのジジェクのマニフェスト

　この目的のためにジジェクは、政治的変革と集団的な行動のための気骨ある計画を、大きく4つのポイントにまとめた生態系マニフェストを作成した。

　①一人当たりのエネルギー消費量と二酸化炭素排出量に対する、世界規模の課税。先進国は、ブラジルから中国に至る開発途上の第三世界諸国が、その急速な発展で私たちの共有する環境を台無しにしていると非難しながら、現在と同じような環境汚染を続けることを許されてはならない。

　②課された保護措置への違反に対する断固とした処罰。そこにはリベラル派の「自由」を厳しく制限することや、将来の違反者に対する技術的コントロールが含まれる。

　③資本主義が展開する「自発的」論理に対抗することを意図した、大規模な集団的決定の展開…、世界的破局の崖っぷちに向かって走る歴史の「列車を止める」ことである。

④最後に、最も重要なのはこれらを全て集約して、人々の信頼を得ることだ。国民の大多数がこれらの厳しい措置を支持し、自分たちのこととして捉え、その施行に参加する用意があるだろうということに対する賭けなんだ

23. 貧困、メディア、「フェアトレード」

貧困を終わらせるには

毎年800万人が貧困で亡くなっている。
どうしたら彼らを救えるのか、に関する興味深いプランについて

自然と地球に対する感傷的な考えが、生態系の危機を助長するのと同様に…

誤った感傷は世界の貧困撲滅を阻害してしまう

　この問題は近年、絶滅の危機に瀕した地球を救い、世界の貧困層を救済するために「何かしたい」という、西洋のリベラル層の間で高まっている願望を、多国籍企業やビジネスのマーケティング手法が発展させ、同時に搾取する方向へとシフトしつつある中で、目につくようになってきた。

ジジェクの認識では、政治的な反対運動が始まる主なきっかけは、社会的不平等を直接、あるいはメディア報道を通じて経験し、それに対して反応することから始まる。リベラル層が、世界的に存在する貧困と、西洋で深刻化している貧困の両方を強く意識するようになったのは、特に今日のメディアが、世界情勢に対する社会的良心の役割を担っているおかげである。

1985年のライヴ・エイド・チャリティー*を多くの人が支援したことは、貧困問題に対する意識が高まった決定的な瞬間だったね

*「1億人の飢餓を救おう」をスローガンに開催された20世紀最大のチャリティーコンサート。

24. 反資本主義への賛同

　ジジェクの見解によると、社会的不平等と貧困に対して、西側の意識が高まっている点は新しいが、企業のマーケティング戦略には心配な傾向が見られる。

　スターバックスに代表される多くの企業は、今や製品コストの一部を、公認の世界的慈善団体や発展途上国で活動している援助組織に寄付している。

企業マーケティングからすると、スターバックスでコーヒーを買う場合、君が買うのは一杯のコーヒー以上のものだ。つまり君は倫理的（エシカル）な経験を買っているんだ！

私たちは地球への貢献と、私たちに提供いただいているコーヒー農家への投資に取り組んでいます。私たちの目的は、世界中にコミュニティをつくりながら、エシカルな取引と持続可能な農業活動を後押しすることです。

ジジェクは、同じような消費者向け宣伝文句として、アメリカの会社トムスシューズのものを引用している。「一つは一人のために。あなたが一足靴を購入するたびに、トムスは困っている子どもに一足の靴を贈ります」。

25. 消費者の贖罪

　この消費主義とエシカルな側面の組み合わせは、「最も純粋な意味での文化資本主義であり、まさに消費主義的行為において、当の消費主義から贖罪を購入することだ」とジジェクは考えている。西側の消費主義の罪悪感から生じるこの贖罪感情は、オーガニック商品や環境に優しい製品が流行し、それが消費者の良心を慰める働きをしていることと同類である。彼の辛辣な観察によると、私たちは例えばオーガニックのリンゴを一袋買おうとするとき、必ずしも他のリンゴよりおいしいから購入しているわけではないのだ。

　貧困とエコロジーの問題はすでに私たちが購入するものの価格に含まれているので、私たちの良心は赦免される。だからといって、資本主義によって世界が直面する窮状が解決すると考えるのは甘すぎるのだ。

26. 慈善病

　ジジェクにとって、近年形成された資本主義とエシカルな責任との間の絆は、貧困を軽減したいという社会的良心を持つリベラル派と、資本主義に反対する急進左派との間の潜在的な同盟の芽を、実質的に摘んでしまうものだ。さらに彼の主張によれば、世界的な慈善団体や援助組織にお金を寄付することは、長期的な解決策にはならない。彼は、**オスカー・ワイルド**（1854〜1900年）が「社会主義の下での人間の魂」（1891年）というエッセイで主張したことに同意している。

ワイルドによると、慈善とは実のところ、自らが治そうとしている病の一部なのである。なぜなら利他的な振る舞いは単に現状を維持するだけで、貧困を一気に軽減するような、社会の根本的再建を妨げてしまうからだ。ジジェクの哲学によれば、資本主義は人間の顔をしようとしていても、善のために機能させることはできないのだ。

27. マックワールド*対ジハード**

　ジジェクは自分が適切だと思えば、政治、特に世界的な武力外交について分析する際に、イデオロギーの問題としてだけでなく、経済や市場の力点といった見地からも論じている。

*グローバル経済至上主義
**ここでは民俗主義の意

ときにちょっとした
経済還元主義が、
政治的な分析にとても適している
ことがあるんだ

　ジジェクの見解では、アメリカの地政学的戦略の背後にある主な動機とは、自国の資本主義的利益が確実に支配的であり続けるようにすることだ。
このことを念頭に置きながらジジェクは、西側の「リベラリスト」とイスラムの「原理主義者」の価値観が対立しているように見えたとしても、それはアメリカが育んだイデオロギー的策略であるとして否定している。

よく見てみれば、アメリカはイスラエルだけでなく、サウジアラビアやクウェートといった保守的なアラブ諸国とも、特権的な関係を持つという二枚舌ゲームをしている…

そしてそれらの国々の徹底的に保守的な君主制を、経済同盟によって西側の資本主義に統合しようともしているんだ

　ジジェクがいうところの「マックワールド対ジハード」＊紛争とは、メディアによって解釈されたものであり、中東の石油資源を確保しようともくろむアメリカ傘下企業の利権が、地政学的な危険を冒すリスクを見落としてしまっている。

＊グローバル経済至上主義をマックワールドと名付けたベンジャミン・バーバーの本のタイトルは『ジハード対マックワールド』（三田出版会、1997年）である。

ジジェクにとって、「世界文明の衝突」という考えは、それが西側と中東の関係であれ、西側が関与する他の世界的な紛争であれ、「私たちと彼ら」の問題ではなく、世界情勢における西側の利益の問題なのである。

ルワンダであれ、コンゴであれ、あるいはシエラレオネであれ、最も恐ろしい虐殺は同じ「文明」の中で起こった/ているだけでなく、そこには世界経済における利益関係が明らかに存在している

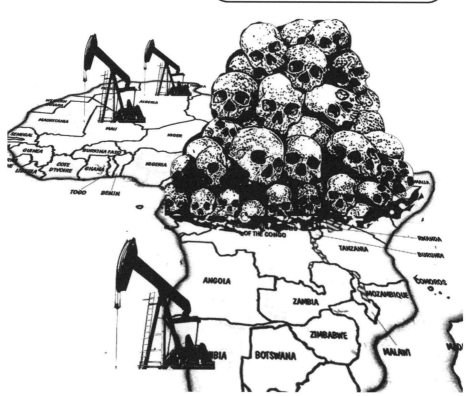

　ジジェクによれば「「文明の衝突」の定義に漠然とでも該当するようなケースはまれ（ボスニアとコソボ、スーダン南部）であり、それらですら別の利害の影が簡単に識別できるのだ」。

1.『「テロル」と戦争』

28. タリバンの真実

　ジジェクによると、アメリカ軍によるアフガニスタン占領が単なる「対テロ戦争」とはいえないのは、テロよりも遙かに深刻な戦争の原因が存在するからだ。アフガニスタンは1970年代に超大国間の闘争に巻き込まれるまでは、最も寛容で世俗的なイスラム社会の一国だった。

カブールは活気にあふれた文化的で政治的な生活で知られた街だった

タリバン政権下で過激な原理主義へと「後退」したように見えるけれど、アフガニスタンが国際政治に巻き込まれた結果であって、深刻な「伝統主義的」傾向があったわけではないんだ

タリバンが台頭したのは、国際政治に対する防衛的な反応ではあったけれど、実際にはまさに外国勢力（パキスタン、サウジアラビア、アメリカ自体）の支援の結果として出現したんだ

　タリバンという現象は、単に伝統的な封建的価値観への回帰としてではなく、西欧のイデオロギーとアメリカの帝国主義に対抗する方法として捉えるべきだ、とジジェクは結論付けている。言い換えれば、それは現代の政治的な力の結果であり、単に過去が舞い戻ってきたものではないのだ。

「文明の衝突」については、アフガニスタンに従軍したパイロットの父親を持つ7歳の
アメリカ人少女の手紙を思い出してみよう。彼女がとても愛する父親は、国のために自
分を犠牲にし、死ぬ覚悟ができていると彼女は手紙に書いたのだった。〔当時の〕ブッ
シュ大統領がこの文章を引用した際には、この手紙はアメリカの愛国心が「正常に」
発露したものと受け止められた。

　簡単な心理実験を想定して欲しい。アラブ系イスラム教徒の少女が、タリバンのた
めに戦っている父親について先ほどと同じ言葉をカメラに向かって哀れげに述べ立てた
として、私たちの反応がどのようになるか、考えるまでもないだろう。子どもを残酷に扱い
搾取することも辞さない、病的なイスラム原理主義…。

　殺人的な狂信主義? 今日アメリカには200万人以上の右派ポピュリストである「原
理主義者」が存在しており、彼らもまたテロを行っているにもかかわらず、(自分たちが理
解するところの) キリスト教によって正当化されている。〔1.『「テロル」と戦争』、63頁、
適宜改訳〕

29.〈9.11〉のパラノイア

　2001年9月11日、ニューヨークにある世界貿易センターのツインタワーをアルカイダが攻撃したことについて、ジジェクは、アメリカ人が自分たちを犠牲者と見るのではなく、「この件は自分たちの帝国主義的野心が招いた悲惨な結果であり、〈9.11〉はその一部に過ぎない」と、真剣に考え始めた歴史的瞬間である、と見ている。

この出来事の結果が、経済、イデオロギー、政治、そして戦争に対してどのような帰結を及ぼすのかはまだわからない*。だが一つ確かなことは…

＊本原書の出版年は2011年

アメリカは〈9.11〉以降、二つの選択肢に直面したと、ジジェクは考えている。「自分たちの領域から抜け出る危険を冒すか、それとも非常に不道徳的な態度、つまり「なぜこんなことが私たちに起こるのだろうか？　そんなことはここでは起こらないはずなのに！」という態度を強めるか、である。これらは脅威に思われる外部へのさらなる攻撃に、つまりパラノイア的な行動が実行に移されることにつながる」。

1.『「テロル」と戦争』

「〈9.11〉以降にアメリカは、世界貿易センターへの攻撃が自分たち自身の世界的暴力の裏返しであることを最終的に受け入れる」だろうというときのジジェクは、楽観的な雰囲気だ。　　　　　　　　　　　　　1.『「テロル」と戦争』

今回の攻撃の真の教訓、そして二度とこのようなことが起きないようにする方法は、こうした攻撃が他のどんな場所でも起きないようにすることだね

つまりアメリカは、自らの弱さをこの世界の一部として謙虚に受け入れ、爽快な報復としてではなく、つらい義務として関係者を罪することを学ばなくてはならないよ

　しかしながら、ジジェクいわく、〈9.11〉以降に実際に起こったことといえば、「第三世界に対する責任感と罪悪感を表明しつつ拒絶するという、アメリカの伝統的なイデオロギー」が再度主張されたに過ぎない。このアプローチは次のようなイデオロギーによって守られているのである。「私たちは今や犠牲者であり、だから私たちには復讐するあらゆる権利があるのだ！」　1.『「テロル」と戦争』

30. イデオロギーと抑圧

　ジジェクが資本主義に反対するのも、他の急進的な思想家たちと同様、それが特に富の分配の際に顕著となるような、社会的不平等の起因になっているからだ。

　しかし彼は、資本主義に対する政治的反発が生じているのは、経済的な面からだけではないことも理解している。彼にとって政治的抑圧も社会的抑圧も、どのように表れようと、最終的には**イデオロギー**によって引き起こされるものなのだ。

だから哲学者である
自分にとって一番重要な仕事は、
イデオロギーの分析なんだ…

なぜならイデオロギーは特に言語
と言説、つまり象徴秩序を通じた
個人的・社会的アイデンティティの
形成と結びついているからだよ

31. 象徴秩序

　象徴秩序とは何か？　象徴秩序とは**コミュニケーションのシステム**（例えば言語、言説、金銭交換方法、ゲーム、あるいは記号から成るあらゆるシステムなど）と、**当該システムを支配するルール**のことである。ジジェクは、記号システムの中でルールがどのように機能するかを説明するために、チェスのゲームに例えている。

例えばキングやルークといったチェスのコマはそれぞれ、特定の方法でしか動けないよね

　同じ考えが言語にも当てはまる。「この文法規則は私がほとんど疑うこともなく自発的に従わなければならないものであって、私はほぼ意識していない。もし私がこのルールを常に念頭に置かなければならないとしたら、私の発話は崩壊するだろうね」。

同様に、私たちの日常生活の中にある礼儀正しさや親しみやすさ、そして社会的空間といった、通常は意識的に注意を向けたり考慮したりしないそれらに影響を与える、社会的相互作用を支配するルールも存在する。

　そして、私たちがいつどんなことを発言したり行動したりしてはいけないか、というタブーと禁止事項も存在する。ジジェクにとって、言語と社会相互の諸形式を支配するルールに従うことは、自然なプロセスではない。

象徴秩序に参入することは、人間の遺伝学的に自然なことでも生得的なものでもない。人間には先天的な「言語本能」は存在しないんだ

32. トロイの木馬

　ジジェクは、象徴秩序は人類にとって、コミュニケーションの賜物であると考えている。しかしそれは同時に、トロイの木馬のように人類にとって危険なものでもある。象徴秩序は私たちに無償で提供されるが、一度受け入れるとそれに植民地化されてしまう。

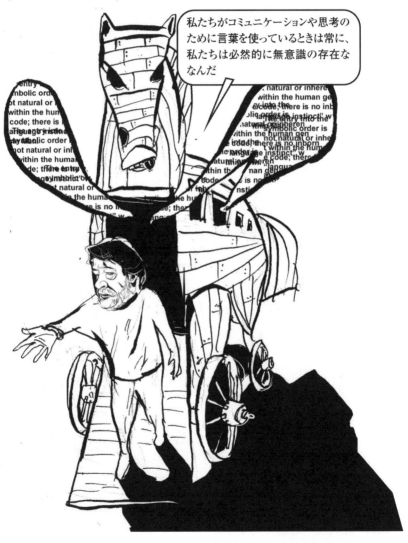

　私たちは、言語とコミュニケーションを支配する文法的・社会的ルールには精通しているかもしれないが、コミュニケーションに参加する行為の中で、それら全てを意識することはできない。

33. 意味、そして象徴秩序

　記号システムの語法を支配している全ての規則の根底には、一つの基本的な規則、もしくは法則が存在している。すなわち、意味は記号システムそれ自体に依存している。そして、この依存関係が認識されたとしても、それが認識可能なのは象徴秩序の範囲内でのみである、というパラドックスがある。

　どれほど自分が従属していることに意識的であろうと努めても、象徴秩序への服従を表現したいと願っても、私たちはそこから抜け出ることはできない。

34.〈大文字の他者〉

　ジジェクにとって、主体が自分自身の自己同一性を形成すること自体を、象徴秩序が支配しているというこの制約こそが、権威主義的な「超自我」の規則に依存していることなのだ。象徴秩序を支配する規則や法則が常に存在しながらも、それらに気付くことができないのと同じことが、規則や法則の具現化としての超自我にも当てはまる。

私はこの超自我の
無意識的形態を、
〈大文字の他者〉
と呼んでいる

したがって象徴秩序は、連携して作用する二つの要素から構成される。一つは、象徴秩序に参入することによって形成される主体であり…

もう一つは想像上の〈大文字の他者〉であって、それは、象徴秩序が、他の主体との間で統一的な意味や特殊性を達成するための媒体であるという幻想を、永続的に保持しているんだ

言語を通じて相互依存が達成されるという幻想から解放されることの難しさ（ほぼ不可能である）を表しているのは、**ジェイムズ・ジョイス**（1882〜1941年）の近代文学『フィネガンズ・ウェイク』（1939年）である。ジョイスのテキストは、いかなるルールや法則にも反するような、複数の意味と、多数の歴史的・架空の文献を採用している。にもかかわらず、言語と意味に関する再帰的な書物であるという点だけで、あたかも首尾一貫しているように扱われているのだ。

35. 皇帝の新しい服

　ジジェクは、〈大文字の他者〉が象徴秩序と同様、フィクションであることを強調している。「私たちは皇帝が本当は裸であることを知っている。しかし、私たちは象徴秩序に服従することによって、彼が新しい服を着ているという欺瞞（ぎまん）に同意するのだ」。
③『為すところを知らざればなり』

私が話しているときには、他の個人と相互作用しているただの一個人であることなど決してない。〈大文字の他者〉が常に存在しているんだ

だけど〈大文字の他者〉は事実上、完全に仮想（ヴァーチャル）だ。〈大文字の他者〉が**存在するかのように主体が振る舞う限りにおいて、存在するんだ**

　「その実体は、個人がそれを信じ、そしてそれに応じて行動する限りにおいてのみ、現実のものとなる。よって〈大文字の他者〉は「欠如」にも基づいている。主体のように、その存在はただ記号システムの効果に過ぎないのだ」。
③『為すところを知らざればなり』

36. 欠如

　主体性はラカンの用語でいう「欠如」、つまり無意識という欠如から成り立っている。無意識は主体性の盲点として存在している。つまり象徴秩序への依存を明確にするが、完全に意識化することはできないのだ。したがって、私たちの存在の中心には空虚、もしくは無があり、それは事実上、私たちの主体性が空虚であり、虚構であることを意味する。

それはまるで私たち、つまり言語の主体が操り人形のように喋ったり交流したりするかのようだね。私たちの発話や身振りは、あらゆるところに入り込んでいる名もなき行為者によって指示されているんだ

　「象徴秩序、つまり社会の不文律はあらゆる話者にとって第二の本性である。それはここにあって、私の行為を指導し、支配している。私はその海で泳ぐことができるが、後まで見通すことができないままだ。私はそれを自分の前に置いても、捉えることなど決してできないのである」。

37. 普遍的交換システム

　ジジェクの見解によれば、政治経済学者であるマルクスの著書『資本論』（1867年）における資本主義経済システムの分析は、象徴秩序に関するジジェク自身の考えを予期していたという。

　マルクスは、資本主義を含む全経済システムが、交換・販売可能な全てのものを測定・評価するための、単一の普遍的媒体（資本主義の場合は貨幣）に依存していることを指摘した。

単一の交換媒体である貨幣の使用は、あらゆる製品、商品、そしてモノを一つの普遍的な取引システムに従属させる。これにより、計算上の交換が可能となるが、製品や商品、あるいはモノの間にカテゴリー的な違いがある可能性を抑圧もする。マルクスの要点は、製品や商品（そこにはそれらを作り出すために費やされた労働力と時間の量が含まれる）、そしてモノは比較評価できるのかどうかを問うことだった。

マルクスの信じるところ、資本主義下における商売人と消費者の両者はともに、あらゆる製品や商品、そしてモノが、貨幣という指標に支配される普遍的な一つの交換システムに束ねられている、という不条理に気付いているのだ。この不条理は、労働者や生産者への賃金を適切に決定することの難しさによって浮き彫りとなる。なぜなら労働活動において行使される時間、気遣い、知性、精神的・身体的力といった事柄を考慮に入れて相対価格を与える必要があるからだ。

38. 彼らは知らない…

　個々人は、資本主義の交換システム内には限界があること、そして製品や商品、そしてモノの間の交換を計算することの困難さを認識している。にもかかわらず、あらゆる製造業者と消費者が服従しなければならない貨幣交換の場において、この認識は無駄となるのだ。

　貨幣交換に参入することは、記号システムだけでなく、〈大文字の他者〉をも是認することである。マルクスは、彼の有名なイデオロギーの定義でこのように述べている。

問題は、個人が社会活動それ自体、つまり彼らが**行っている**ことにおいて、あたかも貨幣が**物質的現実の中で富そのものを体現している**かのように**行動している**ことだ。

彼らは知らない、だが彼らはそのように行動しているのだ

39. フロイトと超自我

〈大文字の他者〉は、象徴秩序の根底にある法則である。

> 〈大文字の他者〉とは第一に、コミュニケーションと交換は、象徴秩序を通じて進めなければならないという法則である

> 第二に、この癒着を、個人の主体意識において、完全な形で意識化することは決してできない、という法則である

　ジジェクはラカンとマルクスを読解することによって、象徴秩序における〈大文字の他者〉の存在から、主体のアイデンティティが形成されるという考えを導き出した。加えてジジェクは、**ジークムント・フロイト**（1856〜1939年）の精神分析的思想を支持している。フロイトによると、〈大文字の他者〉とは、主体の精神に影響を与える道徳的権威という、抑圧的な力のことである。

フロイトは〈大文字の他者〉を超自我、すなわち各個人の中に住み着き、内的権威として常駐している形象と呼んでいる。超自我は、言語化可能・不能なレベルの意味に関する、象徴秩序の管理者として機能するだけでなく、社会の規則、道徳、善行と適切な行動に関する規範の守護者としても機能している。

超自我とは、父親像や文化的規制の内面化であり、私たちの正しさや間違い、罪の感覚を支配しているのだ

40. 正しいことをしている*

　フロイトの超自我からジジェクが得た洞察は、社会の法律や道徳規則に従っても違反しても、超自我は常に存在し続けるということだ。そして超自我が存在する限り、主体もまた存在する。ジジェクの論争的な主張によると、律法とは、律法に違反する欲求を生み出すものであるという。

*Doing the right thing：スパイク・リー監督
『ドゥ・ザ・ライト・シング』(1989年) から

私たちが律法に従うのは
「自然」で自発的なことではない。
だけど、法を犯すという（抑圧された）
欲望を媒介として従っているんだ

THE DEVIL.

　「私たちは律法に従うとき、それに違反したいという欲求と戦うための必死の戦略の一部として従っている。よって、律法に厳格に従えば従うほど自分自身の奥底で罪を犯したいという欲望が、のしかかってくるのが感じられる」。

4. 『脆弱なる絶対』
⑧『全体主義』

41. …間違った理由で

> だから超自我が感じる罪の意識は正しいんだ。律法に従えば従うほど、私たちは罪深くなっていく。だって、律法への従属は、実際には自分たちの罪深い欲望への防衛だからね

> …そしてキリスト教では、罪を（意図的に）欲望することは行為することと一緒なんだ。だから、あなたが隣人の妻をイイなと思うだけで、すでに不貞に関与していることになるんだ

　「このキリスト教における超自我の態度が最もよく表現されているのは、恐らくT.S.エリオットの詩劇『大聖堂の殺人』（1935年）の一説だろう。「一番恐ろしい反逆の形、それは誤った理由で正しいことをすることだ」。つまり正しいことをするときですら、あなたは自分の本性が基本的に卑劣であることを打ち消し、隠蔽するために行っているのだ」。

4.『脆弱なる絶対』
⑧『全体主義』

42. 組み込まれた宗教的罪

　ジジェクにとって宗教的な罪とは、想像上/現実の快楽の形式のことであり、表面的には社会的・道徳的・倫理的行動を支配している主な考えや法律と矛盾しているように見えるが、あらゆる社会に組み込まれているものである。なぜなら、社会に存在するあらゆる法律や行動理念、行いには、禁止されたり認められないような暗黙の犯罪や違反が存在しているからだ。

だから**全体主義であれ自由主義であ**れ、**抑圧的であることだけで成功する政治体制など**はあり得ない

　そして実際に、全ての政治体制と社会において主体は、汚いジョークを飛ばしたり、お酒やドラッグに耽ったり、ポルノを消費したり、暴力的なスポーツを見たり、買春したり、戦争に行くといった、公の場では認められていないことで「鬱憤を晴ら」したり、その活動を楽しんだりできる、という暗黙の了解がある。

43. 世界の暗闇

　したがってジジェクのテーゼは、超自我それ自体は、全ての主体の中で活動するわいせつな機関（エージェンシー）であるというものだ。彼によるとこの考えは、すでにヘーゲルが人間について悲観視したことのうちに認められる。それは「世界の暗闇」として知られる、1805〜06年の『イエナ精神哲学』の原稿で概説されている。

　「人間とは、この暗闇であり、この空虚な無でありながら、全てを含んでいる。つまり、多くの表象やイメージから成る果てしない富でありながら、そのどれもが彼に属するものではなく、あるいは現前すらしないものなのだ」。（ヘーゲル）

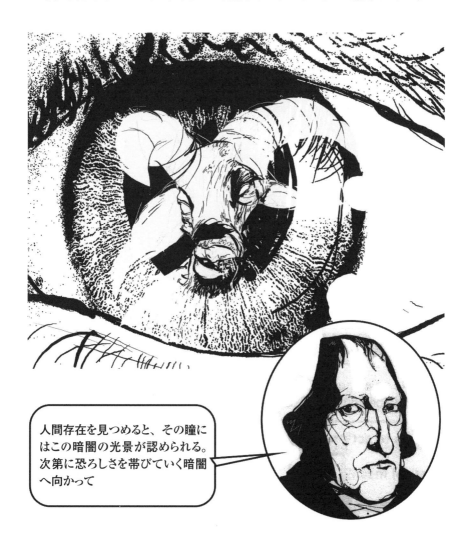

人間存在を見つめると、その瞳にはこの暗闇の光景が認められる。次第に恐ろしさを帯びていく暗闇へ向かって

44. ヒッチコックとわいせつさ

　ジジェクによれば、アルフレッド・ヒッチコック（1899〜1980年）の多くの映画、特に『サイコ』（1960年）に見出せるのは、超自我が是認したあらゆる命令にはわいせつな対応物がある、という考えである。ジジェクにとって、『サイコ』に登場する丘の上の家の三層構造は、映画の主人公であるノーマン・ベイツの精神の三つの主要レベルに対応している。最上階はノーマンの超自我、そして1階は彼の自我、地下室は彼の無意識のイドである。最上階＝超自我と、地下室＝無意識の間の相互関係は、ノーマンが母親を家の最上階の寝室から地下室へ連れて行き、彼女を隠すシーンに示されている。彼女の反応は彼を叱りつけているが、彼女はこの機会に彼をもてあそびもする。

私は果物倉庫に隠されたりしないよ！
お前は私をフルーツみたいだと
思ってるのかい？　はあっ！

超自我と無意識の中のわいせつさとの間に、線を引いたり分けたりしないことで、私たち全員が最も暗い欲望に与していることを、ジジェクは全面的に受け入れようとしている。この考えは、ヒッチコックの別の映画『裏窓』(1954年)に明らかだ。主人公のジェフは最近脚を怪我をしたために、向かい側に住む隣人の生活を覗き見して過ごしている。同時に彼は、恋人のリザ(グレース・ケリー)と性的な関係になることを避け、結婚の約束をする気がないことを、彼女に告げている。

　「ジェフは窓越しに、自分とグレース・ケリーに起こり得る空想を眺めているのだ。彼らは幸せな新婚生活を送ることもできる。あるいはグレース・ケリーを捨てることもできるし、普通のカップルのように小さな犬を飼って一緒に時間を過ごし、かろうじて絶望を隠蔽する日常生活に屈することもできる。あるいは最終的に、彼女を殺害することもできるのだ」。　　　　　　②『斜めから見る』

『裏窓』のストーリーが進むにつれて、ジェフは隣人が自ら妻を殺害したことを知ってしまう。ラスト近くのシーンで、ジェフは殺人者に対峙し、カメラのまばゆいフラッシュで彼を必死に立ち止まらせようとする。ジジェクは、この場面は「驚くべき、完全に「非現実的な」方法で撮影されている」と述べている。

急速な動きや激しいぶつかり合いが期待される場面なのに、実際には妨害されて、ゆっくりと引き延ばされた動きになる

このシーンは、ジェフ自身の動きたくないというファンタジーを完璧に表現しているね

　殺人者は、リザを殺害したいというジェフの欲望を反映している。『裏窓』では主人公と殺人者の間に線が引かれるどころか、本当の「主人公」はジェフが観察している犯罪者自身であることが明らかになる。

45. カフカと法のわいせつさ

　ジジェクにとって、**フランツ・カフカ**（1883〜1924年）の天才性は、まさに文学において、超自我と無意識の間になくてはならない関連があることを、表現しているところにあった。

　カフカの主題は「何も望まず何も欠如していない法の盲目的な機械性」だった。この法は野蛮で違法な衝動に基づいているので、一貫制がないことが、カフカによって示される。そしてそれがどれほど「トラウマ的で残酷、気まぐれで不合理な法のテキストの断片、つまり一連の禁止と命令」から構成されているかを明らかにしている。

法は権威のある人物を装っていますが、実は私たちを笑うわいせつな狂人なのです

46.『審判』

　カフカの『審判』(1925年)ではこの法の無法さの例として、主人公のヨーゼフ・Kが法廷で葛藤する様子があげられる。

論理的推論によって裁判所の機能様式を確立しようとするあらゆる試みは、あらかじめ失敗する運命にあるんだ

　「ヨーゼフ・Kが指摘したあらゆる対立 (裁判官の怒りとベンチに座った聴衆の笑い声、陽気な右側と幾人かの深刻な左側の聴衆) に抗して、彼がそれらに対する戦術を実行しようとすると、すぐにそれが誤りであることが明らかとなる。Kが普通に答えると、聴衆は急に笑い出すのだ。」

「さて、それでは」と捜査官はページをめくりながらKに、権威を漂わせながら話しかけた。「あなたは塗装工ですか?」「違います」とK。「私は大手銀行の業務主任です」

この返答によって右側のグループから大きな笑いが巻き起こり、Kも笑ってしまった。人々は膝に手をつきながら身をよじり、咳の発作のように震えていた

ジジェクの注釈によると「さらにKの主張は、公の場で始まった性行為によって攪乱され、あからさまな混乱状態に陥る」。

公法とわいせつさの関係は、『審判』に登場する二つの場面の対比からより深まっていく。一つ目は、地方からやってきて門戸から掟に入りたいと熱望する男のたとえ話をする司祭の場面である。二つ目は、ヨーゼフ・Kが、自分自身が別の掟の門、すなわち審問部屋入り口の前に立っていることに気付く場面である。一つ目の場面では、門番が訪問者に、このドアは彼のためだけのものであることを知らせる。

一つ目の場面①では、私たちは壮麗な正義の法廷の入り口にいる。二つ目の場面②で私たちがいるのは労働者のアパートの一角で、そこは不潔で猥雑な人々で満ちている

「場面①では、門番は法廷に雇われている。場面②では、挑発的な格好の女性が子どもの服を洗っている。①では門番が、田舎からやってきた男が門を通ることも法廷に入ることも妨げている。②ではその洗濯女が、半ば強制的に彼を審問部屋に押し込む」。　　　　　　　　　　　⑫『斜めから見る』

　場面①は、法の神聖な場所と日常生活とを隔てる境界は侵犯できないことを示唆しているように見える。しかし場面②はこの仮定と完全に矛盾しており、そうした境界は存在するものの、簡単に侵犯できることを示しているのだ。

47. モダン、もしくはポストモダン？

　カフカが執筆したのは20世紀の初めだが（1924年死去）、彼の作品は近代<ruby>近代<rt>モダン</rt></ruby>ではなくポストモダンであると、ジジェクは考えている。ジジェクによれば、近代文学は意味の根源的な欠如をめぐって形式化されている。彼にとって近代文学のテキストの原型は、サミュエル・ベケット（1906〜89年）の『ゴドーを待ちながら』（1948〜49年）である。

> この劇中で、完全に無駄で無意味な行動が起こるのは、ゴドーが来るのを待っている間に、ようやく「何かが起こるかもしれない」、というときだ

> だけど私たちは「ゴドー」は絶対来られないことをよく知っている。なぜなら彼の名前*はまさに中心を欠いた無であることを意味するからだ

＊ゴドー（Godot）は神（God）を意味するという解釈もある

近代作家のもう一人の例は**ジェイムズ・ジョイス**（1882〜1941年）である。彼の作品では、安定しているように見える瞬間瞬間が、複数の意味づけのプロセスの「凝縮」に他ならないことが明らかになる。

　「『フィネガンズ・ウェイク』はもちろん「読解不能な」本である。通常の「写実主義的」小説のように読むことはできない。テクストの筋を辿ろうとしても、私たちには「リーダーズ・ガイド」のようなものが必要であって、解説があれば無尽蔵に暗号化された隠喩のネットワークの中から、道筋を見つけ出すことができるだろう。しかしこの「読解不能さ」こそが、終わりのない読書、解釈のプロセスへと誘い込む機能を確かに果たしているのだ」。　　　②『斜めから見る』

『フィネガンズ・ウェイク』で私は、少なくとも今後400年間は文学研究者を飽きさせないようにしたいと思っている！

48. ポストモダンと存在

　ベケットやジョイスとは対照的に、カフカの作品は存在、それも法の汚点の存在について書かれたものである。ジジェクにとってカフカの作品が今日的である理由は、それが道徳的・法的に許されるものであろうとなかろうと、現代社会におけるあらゆる形式の享楽の背後には、それを指示する超自我があることに気づいているからだ。

カフカの教会に関する洞察
ほど適切なものはないね。
なんといっても、ことわざにもあるように
「教会は罪人を必要とする」
からね

「教会は人々の道徳的守護者であり、良心であるかのように振る舞っている。表面上、教会のメッセージは禁欲に関するものだ。罪のない生活を送り、肉欲をコントロールせよ、と」。

しかし、この自己否定的なメッセージの裏には、反対のメッセージがあるんだ。禁欲するふりをすれば、あなたは欲しいものを手に入れることができる、というね

「教会は公式には七つの大罪に関する禁止を説いているが、実際にはこれらの禁止が軽視されることに全面的に依存している。教会は罪を悔い改める罪人を必要としているのだ」。

ジジェクによれば、近年暴露されたカトリック司祭による児童への性的虐待への関与と、それをカトリック司教が隠蔽していたこと[*]からも、教会のイデオロギーにすでにがっちりと組み込まれていることが明らかだ。

*2002年にアメリカのメディアが大々的に取り上げたことをきっかけに
多くの報道が行われ、一部は訴訟に発展した。

49. 教会の倒錯

　ジジェクは、教会が禁止するものへの倒錯と欲望について、ミュージカル映画『サウンド・オブ・ミュージック』（1965年）のシーンを引用して、愉快でしっくりとくる注釈を示している。ジュリー・アンドリュース演じるマリアが、女子修道院長に修道院の誓いを立てさせてほしいと迫るシーンだ。

だけど私はマリアに、あなたはトラップ大佐の腕の中に戻るべきだ、と言ったの

ここで修道院長は急に「全ての山を登りなさい」を歌い出すのよ

この映画の物語の文脈では、この曲は（陽気ではあるが）性的当てこすりに満ちている。と同時にこの曲は、マリアの禁欲への憧れと明らかに矛盾している。

50. 教会は存在しなかった

　ジジェクはこの倒錯に対する分析から「教会は存在しなかった」と結論している。なぜなら教会はその定義上、偽善的で完全に皮肉なイデオロギーに依存しているからである。

　19世紀初頭の皇帝ナポレオンI世の主な政治目的の一つは、教会の権力と影響力を破壊することだった。このことを象徴的に示しているのが、1804年のナポレオンの戴冠式である。ナポレオンは慣習通りに教皇から皇后ジョセフィーヌと彼自身が戴冠されることを拒絶した。教皇から宝冠を奪いとり、自分自身で戴冠を執り行ったのだ。ジジェクはこの戴冠に対する教皇の反応を想像している。

あなたは教会を破壊できると考えたかもしれないけれど、実際には2,000年前からすでに死んでるよ！

51. ナチスの汚い秘密

　道徳的権威を政治の形で行使することには、常に偽善的で矛盾した特徴が見られるとジジェクは述べている。ナチスの場合、自ら行った大量虐殺（ジェノサイド）というわいせつな行為に対して、特定の偽善的態度が維持された。ナチスは道徳的イメージを保つことを好み、ユダヤ人や他の反体制派を根絶するという自分たちの計画は「浄化」の一部であると主張した。これこそが、彼らが死の収容所を秘密にし続けた理由であり、その存在は決して認められないという条件でのみ、明らかにすることができたのだ。

> ヒムラーは1943年10月にSS*のリーダーたちに向けて行った演説で、女子供も含めてユダヤ人を大量殺害することを、極めて堂々と話していた

*ヒットラー親衛隊

> まさに我らが歴史における輝かしい1ページである。誰も書いてこなかったし、誰も書くことができない歴史だ

こうしたコードが闇に隠されたまま認識されず、口にも上らないような場合、人々が無自覚であることこそがその集団の結束を強める、とジジェクは述べている。

　ナチスはその歴史のある時点で、法と秩序の党を装いながらも、実際にはこの要件を人知れず秘密にして、自分たちの臣民へ犯罪に加担するよう要求したのだ。

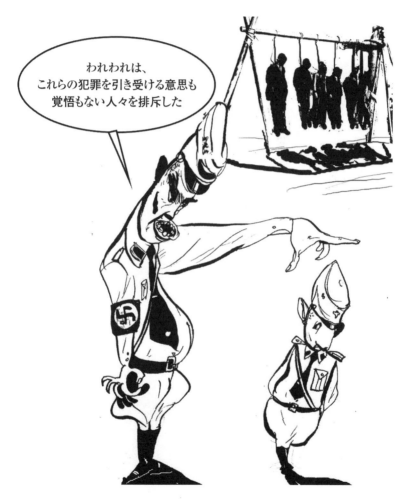

　1933年にナチスが政権を握った後、**人民共同体**と呼ばれる国民的連帯の時代に、夜のポグロム*や政敵への殴打が行われたのも、そのようなケースだった。

*1938年に起こった水晶の夜と呼ばれるユダヤ人迫害暴動

52. スターリニズムとの相違

　1930年代にスターリン体制下のソビエト連邦で行われた大粛清と処刑、共産党政治局員の見せしめ裁判は、ジジェクにとって政治とわいせつさが相互関係していることの鮮やかな例である。しかしそれは、必ずしもスターリン政権がナチス政権のように「悪」だったというわけではない。スターリニズムとナチズムの間には根本的な違いがあるとジジェクは考えている。彼の見立てによれば、一般に信じられていることとは逆に、スターリンは完全な支配計画を冷酷に実現しようとする意図はなかったという。

スターリニズムは、1917年のプロレタリア革命によって始まった、解放の運動に根ざしたものだ

ナチスの方は、ただ悪人が悪事を働いたんだ

1930年代のスターリニズムのわいせつな粛正には、悲劇的な側面と変にバカげた要素の両方が存在した。それらは、その当時の出来事を決定付ける罪の告発の応酬や、一連の政治的調整と再調整を見れば明らかだ。

悪循環のスパイラルに陥ったのは、粛清の徹底に関する上層部の指示が激しく揺らいだからだ

トップは厳しい措置を要求し、同時に行き過ぎを戒めたので、実行者はどうしようもない立場に立たされ、最終的に何をしても間違いになってしまったんだ

「彼らが十分な数の裏切り者を逮捕し、十分な数の陰謀を発見しなかった場合、執行官たちは寛大で反革命を支持していると見なされた。だからこのプレッシャーの下でノルマを果たすために、彼らは証拠を偽造し、陰謀を捏造しなければならなかった」。⑧『全体主義』

その結果自分たち自身が、外国権力のために何千人もの誠実な共産主義者を殺害した破壊工作者だ、という批判にさらされることになったんだ

ジジェクは個人的に共産党の偽善を経験している。彼はスロベニアの有力な中央委員会から、反体制派の疑いを持たれていたが、政権の権力構造内に留まった。しかし共産主義のイデオロギーを熱心に支持していたジジェクの同僚の一人は、より大きな疑惑をかけられ、委員会によって追放されたのだった！

53. 過度の非合理性

スターリニズムはファシストの暴力よりもずっと「非合理的」であるとジジェクは主張している。「ファシズムにおいては、ナチスドイツ政権下ですら反対派の政治活動に参加していなければ（そしてもちろん、ユダヤ系出身でなければ）命を落とすことなく、表面上は「普通の」生活を送ることができた」。

⑧『全体主義』

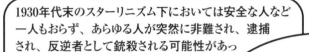

1930年代末のスターリニズム下においては安全な人など一人もおらず、あらゆる人が突然に非難され、逮捕され、反逆者として銃殺される可能性があった

ナチズムの「非合理性」は、ユダヤ人の陰謀を信じるという反ユダヤ主義に「凝縮」されていたが、スターリニズムの「非合理性」は、社会全体に浸透していたんだ。

「そのため、ナチス政権下の警察捜査官は、政権に反対する現実の活動の証拠と痕跡を探し続けたのに対して、スターリン政権下の捜査官は、疑いようもなく明らかな捏造（陰謀と妨害行為を偽造した）に関与したのだった」。

⑧『全体主義』

スターリニズム内のこの極めて過酷な非合理性は、逆説的に、正統な形の解放を望んでいたし、少なくともそうならないことに困っていたと、ジジェクは考えている。「ファシズムとは対照的にスターリニズムは、倒錯した正統な革命の事例だった」。 ⑧『全体主義』

…このことから、スターリン体制の起源には、「正統」で革命的な計画が存在していたことがわかる

共産主義権力が自らのメンバーに加えた暴力そのものが、この体制の根本的な自己矛盾を証言しているのだ…

「スターリニズムの恐ろしさとは、理由なく権力をサディスティックに顕示することにあるのではなく、「通常の」行政指揮系統を通じて国を運営することができない無能性を、暗に告白しているところにある」。 ⑧『全体主義』

54. 神の死

　今日の西洋社会では、特に社会がキリスト教的道徳形式から世俗主義に移行しているため、支配的な超自我の存在を特定するのは困難に見えるかもしれない。

フリードリヒ・ニーチェ

　このことは、神の姿に象徴されるような、より高次の優れた力という考えを用済みにした。高次の力という考えの基底には十戒があり、あらゆる道徳的禁止とタブーによって、人類の個人的・社会的行動を制御していた。

　西洋社会における神の死と道徳的命令が緩んだ後に起こることについて、ロシアの作家**フョードル・ドストエフスキー**（1821〜81年）ならば、次のように宣言しただろう。ちなみにこれは実存主義哲学者**ジャン゠ポール・サルトル**（1905〜80年）の言葉である。

> もし神が存在しないのならば、全てのことは許されている！

　しかし私たちがしたいようにするというこの「自由」が、実際には偏在している超自我を転覆することは決してない、とジジェクは考えている。1990年代のボスニア危機のような明白な無法状態においてさえ、超自我は逆説的な力を発揮した。超自我は寛容さを禁じるのではなく、次のようなお墨付きを与えることによってその権威を保持したのだった。すなわち、「私に従うならば、あなたは何の咎めもなくレイプ、セクハラ、殺害を行えるだろう」。

55. 寛容な社会の神話

　西側諸国において「寛容な社会」という考えが現れたのは、1968年にヨーロッパの各都市でアナキストや共産主義者、そして初期ヒッピーたちが混在しながら主導した過激な事件や暴動の後だった。

私たちは資本主義に疑問を投げかけたいんだ…

…それと、道徳の観念についてもね。それって「核家族」という、社会的安定と性的制限に重きを置いた考えで伝達されるのよ

　しかし1968年以降に実際に起こったことはというと、解放という革命的な考えはポストモダン資本主義に横取りされたのだった。そしてもはや厳格で権威主義的ではないふりをしてはいるものの、自由主義的に見えるだけの資本主義独自のイデオロギーの中に、完璧に組み込まれてしまったのだ。

ジジェクは、西側諸国における「寛容な」社会という考えは、ほとんど神話だと考えている。すなわち、これまでにない形の倒錯行為に溺れるというのは事実かも知れないが、だからといって社会が快楽主義的であり、道徳的禁忌がないというわけではないのだ。ドストエフスキーが「もし神が存在しないのならば、全てのことは許されている」と宣言したのに対してジジェクは、ラカンがドストエフスキーに反論したことに同意見だ。

もし神が存在しないのならば、許されるものなど何もない!

　ジジェクの一番の主張は、全てが許可されている状況において実際に起こることとは、自主規制の減退ではなく強化である、ということだ。

今日の西洋社会を支配している超自我は、19世紀後半から第二次世界大戦直後までの近代のものと違うことは、ジジェクも認めている。近代における個人とは善良な市民でなければならず、もし必要とあれば、国家の大義のために自分の生命を犠牲にするような命令に従うべく、統治されていた。

西側諸国における命令法とは「よき民主主義者であれ！」というものだ

一方東欧圏では、「よき共産主義者であれ！」だよ

　つまりこの時代の超自我とは、父権主義的権威のそれなのである。

56. 父権主義の形

　近代の人間を支配している父権的権威の形は、ジークムント・フロイトの**オイディプス〔エディプス〕父王**に関する精神分析の考えに対応しており、主体が社会的に受け入れられ、意味のある仕方で行動することを保証するものである。(「父親殺し」、106頁参照)

だけど後期資本主義下では、もはや社会が伝統的な父権主義的権威や超自我にならって形成されるなんてありえないよ

　その代わりに新しい形の超自我が出現した。フロイトの考えを参照しつつ、ジジェクは、この超自我の出現が意味しているのは、権威の表象としてのオイディプス父王の姿から、ポストモダンにおける「権威」を象徴する、わいせつな享楽としての**原父**〔＝男性支配者〕へと変化したこと、としている。

フロイトは著書『トーテムとタブー』(1913年) の中で、人間の先史時代の発達段階において、そして今日の社会的・集合的無意識においても、オイディプス父王の権威とは根本的に異なるタイプの父権的権威が存在したと仮定している。

その当時フロイトが「原始郡族」と呼んだ家族、もしくは部族の単位は、全ての女性に対する独占権を保持し、さらに息子が彼の権威に挑戦しようとしたときには、放逐したり殺害するような父親像に支配されていた。

こうした状況の場合、禁止する「法律」は存在しない。むしろ原父が純粋な権力によって支配するのだ

57. 父親殺し

　フロイトの見解において、オイディプス父王はどのようにして原父に取って代わったのだろうか?

原父の嫉妬、加えて彼の排他的な享受権は、息子たちに父親を殺して（人食いとなって）彼を食べる決意をさせる

　しかしこの父親殺しの後、息子たちは新たに発見された自由に圧倒され、社会秩序に対する父権的権威の姿として、オイディプス父王を復活させる決意をする。父王は近親相姦と殺人という、主要な犯罪を禁止する人物である（この人物像は、父親を殺し、母親と結婚した神話上のオイディプスにちなんで名付けられた）。

58. 楽しめ！

　今日、オイディプス的父権的権威像はもはや、社会の中では機能しておらず、「わいせつな」原父がそれに代わって支配し、全ての人に対して自分のように楽しむことを勧めているとジジェクは考えている！

今日における支配的イデオロギーの戒律とは楽しむことなんだ。楽しみには、性的享楽、消費と商品の享楽に、精神的な享楽や自己実現まであるね

ジジェクはこれを「命令＝楽しめ！／超自我は楽しめ！」と定式化している。

主体が不道徳な快楽や、過度で倒錯的な快楽に耽ることを禁止する役割を、以前はオイディプス父王が超自我のふりをして果たしていた。しかしジジェクの見立てによると、今やかくのような禁止よりも、そうした欲望を実行するように圧力すらかかっている。まるでそれだけが幸せを見つけられる、唯一の方法であるかのように。

逆説的だけど、享楽そのものが、その最も奥深いところでは押しつけられたもの、命じられたものであるということだ

私たちが楽しむときは、常にある種の命令に従っているんだ

59. 常に存在する欲望の対象

　今日の商品文化は、享楽に捧げられた超自我と、完全な補完関係にある。この責任は、二つの主要イデオロギーにある。

1960年代のカウンター・カルチャーでは、自由こそが個人的・道徳的・性的解放と同意だったよ

現代社会では、多くの広告やメディアの注目を集める若者と若者文化を模倣したいんだ

　これに照らすと、欲望とはもはや、入手不能で禁じられた、それゆえ事実上存在しない対象をめぐっては展開していないことが示される。ましてその欲望の対象が、禁止を行う超自我によって守られたものであるならば、なおさらである。

　今日の超自我は、私たちに楽しむことを命じつつ、欲望とその充足対象を、依存の内破*スパイラルに回避させてしまう。主体性とは欲望の充足と同意であるため、これまで不在だった欲望の対象は、今や常に存在する対象へと変わったのだ。

*内破:患者を強い不安の状況におくことで不安を解放させる心理行動療法の一つ

60. シミュレーションされた享楽

　必然的に、今日楽しむことの命令には「副産物」が生じる。すなわち、外見が「美しく」健康に見え、若く、そして女性にとってはスリムであるようプレッシャーが掛けられるのだ。あるいはあなたが消費したり、買い物をしたり、食事をしたり、セックスしたりしなければならないことが命じられる。命令の論理によれば、あなたがこれらのことをしていなければ、あなたは不幸な個人であるということになる。もっとやらなきゃ、もっと見て、もっと楽しまなくちゃ、というプレッシャーは、実際に人々を深刻な不幸に陥れる。

> だから今日の超自我が押しつける享楽は、実のところ「わいせつ」な享楽なんだ…

> …だって、この超自我が命じているのはもはや享楽ではなく、想像上の、シミュレーションされた享楽という観念だからね

オイディプス父王の超自我と原父の超自我が、精神の中でどのように機能するのかを対比する方法として、ジジェクは次のような物語をよくとりあげる。日曜日の午後、自分の息子に祖母を訪ねるように言う二人の父親がいる。

古典的なオイディプス父王を想像してみて。
彼は自分の息子にこう言うんだ…

お前の気持ちなんてどうでもいい。お前はおばあちゃんを訪ねるべきなんだ。行きなさい。行って、お行儀良くしていなさい！

「次に、いわゆる寛容でポストモダン的な父親を想像してみよう。彼は息子にこう言う。「おばあちゃんがどれだけお前のことを好きかわかってるだろう。それでも、お前が本当にそうしたい場合にだけ、彼女を訪問すべきなんだよ」」。　⑬『ラカンはこう読め！』

最初の古典的な父親の場合、命令の賭け金は明確である。オイディプスの法には、従うことも抵抗することもできる。しかしポストモダンな父親の場合、一見自由に見える選択に、もっと厳しい秩序が秘密裏に含まれている。

これは寛容な自由選択に見えながら、より強力な秩序が潜んでいる例である。

61. 自分自身に忠実であれ

　後期資本主義下の現代社会において、楽しむことを禁止する命令の一番身近な形式とは、自分自身に忠実であることを中心とした、穏やかな快楽主義的命令である。このことは、人生において「何かを成し遂げたい」、「幸せになりたい」という欲望をよく表している。この幸福イデオロギーとは、幸福を追求する仏教徒から取り入れられた西洋版仏教だ、とジジェクは見なしている。西洋は自分たちのイメージで、ダライ・ラマの哲学を翻案したのだ。

人生の目的は
幸せになることです

　「このイデオロギーが、西洋社会においてどれほど支配的かを示す事実として、アメリカでは現在、いくつかの大学で「幸福学」コースが提供されていることが挙げられる！」

62. 広告のイデオロギー

　今日のイデオロギーによれば、幸福を達成するための鍵は、自己実現と、人生をより「意味のある」ものにすることだそうだ。このイデオロギー傾向は、最近の広告の変化に見て取れる。伝統的に広告には、〈想像界〉の次元と〈象徴界〉の次元がある。〈想像界〉の次元は、対象の実際の品質を参照している。

例えば、ランドローバーの広告で強調されるのはエンジンのパワーであり、険しい山を登ったり、荒れた地面を乗り越えられるような頑強さである

　〈象徴界〉の次元としては、社会的地位や「ジョーンズに追いつこう」*のような事例が挙げられる。この場合ランドローバーは、所有者がマッチョに見えるようにしてくれるアイテムだ。

*『幸せがおカネで買えるワケ（The Joneses）』（2009年）は完璧に見える偽家族ジョーンズ家が憧れの的となり、隣人たちは彼らに一歩でも近づこうと誰もがジョーンズ家の人々と同じものを購入するようになる、という米国コメディ。

しかし最近の広告では、広告された製品を所有することから得られる**経験**が中心となるような、新しい次元が出現している。この新しい次元が表わすものは、製品の実際の品質（〈想像界〉的次元）でも、製品を所有することから得られる社会的地位（〈象徴界〉的次元）でもない。製品がどのように、そしてどんな方法で人生を有意義にするかが重要なのだ。ここに込められたメッセージとは、そうした経験なのである…。

人生に絶望感を感じるかい？

だったらこの製品だったり生活スタイルが、君の人生をエネルギッシュで意味あるものにしてくれるよ

つまり、これこそが強調されるべき経験なのだ。

63. 「良いこと」をせよ

　意味のあることを求めるという同様の傾向は、今やより一層広がっており、特にリベラル階級たちは、いわゆる今日的な進歩的大義に夢中である。

　「なぜオーガニック食品を買うのが好きな人がいるのだろうか？　それらは私たちに社会的ステイタス感を与えるわけではない。むしろ問題は、情緒的で感傷的な一体感の形式なのだ」。　　　　　　　　⑮『ポストモダンの共産主義』

この世界には問題が山積している。私は世界に対して何か良いことをする一員になりたいし、自然を大切にしたい。そうすることで、私の人生はもっと意味深くなるんだ

　進歩的な大義の渦中にいれば、倫理的経験ができる機会となる。つまり人間とは何か「良い」ことをしていて、世界を大切にしていると信じたいものなのだ。

64. 除去されたリスク

　ジジェクが、今日の西洋社会における幸福と自己実現の間に作られた方程式に懐疑的であるもう一つの理由は、現代の人々が自分たちの人生に、過激さやリスク、もしくは過剰な感情のようなものが入り込まないように、どれだけ慎重に警戒しているかということにある。

このことは新商品の開発に反映されているね。例えばカフェイン抜きコーヒー、無脂肪クリーム、ノンアルコールビール

　これらの製品は有害成分が除去されているという、それだけの理由で人気があるのだ。

これらの製品は試作品だが、ジジェクは未来を次のように予想している。

私たちは、ヴァーチャル・セックスはセックス無しのセックスだし、死傷者の無い戦争（当然ながら自国民に）を戦争の無い戦争と捉えているし、専門家による行政の技術として再定義された現代の政治を、政治なき政治と捉えているよね

結論としてジジェクは次のように述べている。「仮想現実、すなわち新しい「現実」を構成するコンピュータ上でシミュレートされた環境は、実体が奪われた製品を提供する手順を単純に一般化し、その実体が剝奪された現実そのものを提供する。カフェイン抜きのコーヒーは本物のコーヒーではないが、本物のコーヒーのような匂いと味がするように、仮想現実はそのような存在が無いにもかかわらず、現実として体験される」。

1.『「テロル」と戦争』』

ジジェクにとって、現実の中に存在する潜在的な過剰さが、現実のシミュレーション自体に変容したことの究極的な事例は、2001年9月11日にニューヨークの世界貿易センターが攻撃されたことだった。

　「大多数の人々にとって、世界貿易センターの爆破はテレビ画面上の出来事だった。そして崩壊するビルからの巨大な粉塵の雲から逃れようと、カメラに向かって走ってくるおびえた人々の顔が何度も繰り返される場面を見たときにも、そのショット自体の画面構成から、これまでの大災害映画のクライマックス場面の全てを凌駕するほどの特殊効果を連想したのではないだろうか?」

1.『「テロル」と戦争』

これこそ物議を醸したカールハインツ・シュトックハウゼンの発言*の真の要素なんだ…

飛行機が世界貿易センタービルに衝突したことは、究極の芸術作品だった

*現代音楽家シュトックハウゼン (1928〜2007年) が〈9.11〉直後のインタビューで、「究極の芸術作品だ」と答えたとされる事件。

119

65. 虚構の主体に立ち向かう

今日の課題は、君が楽しもうとすることへの禁止を、いかに乗り越えるかではなく、超自我の禁止命令それ自体をいかに乗り越えるか、なんだよ

　では、超自我、もしくは〈大文字の他者〉が偏在するとなると、その抑圧的な権威を超克できるのだろうか？　ジジェクの答えはイエスだ。しかし彼はこう但し書を付ける。主体が、どのような種類の観念性であろうとそれに愛着することをあきらめて、アイデンティティを保持する象徴秩序が、最終的にフィクションであるという事実に立ち向かうことができる限りにおいて、と。

主体自体が虚構的であることに文字通り立ち向かった結果、悲劇的な結末を迎えた例として、ジジェクは**マーク・ロスコ**（1903〜70年）の後期の絵画作品を引き合いに出している。それらの絵画は、白い背景にシンプルな黒の正方形から構成された、カジミール・マレーヴィチ（1879〜1935年）の「私の時代の額装されていない剝き出しのイコン〔黒の正方形〕」（1915年）をモデルとしている。

黒の正方形は、無意識の空虚さの象徴であり、表象の中に存在するものの、決して直接的に知ったり接近したりできない過剰さなのだ

一方白い背景は、象徴秩序という形式の「現実」が現れる、オープンスペースである

マーク・ロスコ

「ロスコの後期の絵画は全て、中央の黒の正方形が画布全体にあふれ出るのを防ぐための戦いの現れである。もし正方形が画布全体を占拠し、図と地の違いが失われてしまうならば、心的自閉症が生じる。ロスコはこの格闘を、灰色の背景と中央の黒の斑点との間の緊張として描いている。この黒の斑点はやがて、別の作品へも威嚇（いかく）するように広がっていった。彼が亡くなる直前のキャンバスでは、黒と灰色の間のミニマリズム的緊張だったものが、最後の時を前に貪欲な赤と黄色の間の燃えるような対立へと変化した。そこには救いを求める最後の絶望的な試みを見ることができると同時に、紛れもなく終わりが差し迫っていることもはっきりしている」。

②『斜めから見る』

ロスコはある日、彼のニューヨークのロフトで亡くなっているところを発見された。彼は手首から流れ出た血の海の中にいた

66. 現実喪失

　ロスコのように、無意識という空虚にアクセスしようとすると、最終的に言語と表象から完全に撤退することになるのだろう。言語と表象は主体を結びつけているので、精神的な崩壊をもたらす結果となる。よって「現実」を束ねるための象徴秩序という人工的なシステムがなければ、個人は存在しなくなる、と結論付けられる。

虚構が私たちの現実を構築しているんだ。もし現実からそれを統べている象徴的虚構を取り去ってしまったら、あなたは現実性そのものを喪失するよ

67. われ思う?

　それでもジジェクは、主体が現実の中で、自分自身の架空の地位に気付く可能性を開いている。これが精神分析における治療の最終的な目的である。

> 精神分析の治療は、患者が自らの非存在を自由に想定できた時点で、事実上終了するんだ

　よって精神分析は、17世紀フランスの哲学者**ルネ・デカルト**（1596〜1650年）の有名な格言「コギト・エルゴ・スム」（「我思う、故に我あり」）で提示された、主観主義的独我論（自己存在のみが現実を検証可能な唯一の部分であるという感覚）とは正反対のものである。

現実とその存在を証明できるかどうかという根源的な疑問に直面し、デカルトの格言は心の存在を、つまり存在と現実の問題について、疑いと懐疑をもって考えられる心の存在を維持しようとしていた。

　自分の心の中の思考だけが、絶対的に確信できるものであるという〔デカルト的〕考えとは対照的に、精神分析は、私の外にある現実は間違いなく存在する、と主張する。ただし、私の外にある現実の存在については、結論が出ない推論のままだが。

68. S からＳへ

　単一のアイデンティティという虚構の性質を認識することによって、超自我の支配的な存在は打倒される。ラカン派の言説ではこれは、**S**（主体を表す）の位置から**Ｓ**（精神分析の治療が成功した時点で、分析された人は主体性を維持するフィクションから「締め出される」）への移動によって象徴化される。

彼の存在の「重力の中心」がSからＳへ、つまり欲動の実体から否定性の空虚へと移動することによって、主体は「自分自身へと回帰」し、別の大きな余剰を作り出すのだ

69. 言語の虚構性

　ジジェクによれば、主体が自分自身の虚構的地位を認識し、その結果、位置Sから位置§に移動する過程には、自分自身の主体性が完全に虚構的で虚無であるという認識が含まれる。この虚無は何ものにも基づかず、言語の虚構性に永久に埋め尽くされている。それでも言語は虚無を隠蔽するのだが、その虚無は完全な幻想、すなわち主体という虚構を生成する記号システムでもある。ラカンに従ってジジェクは、言語が虚構的地位であるというこの認識を「小文字の他者」(小さい対象「a」) と呼んでいる。

小文字の他者は純粋な欠如であるのと同時に、主体が基礎付けられるところの空虚、そしてこの空虚を覆い隠す想像的要素なんだ。空虚を塗りつぶすことで見えなくしているんだよね

ラカンと同様にジジェクは、主体が囚われている言語の虚構性を知覚・認識できる可能性はあるとしている。しかし実のところ、それを直接知覚することはできない。つまり、言語である虚無と、言語の「背後」にある虚無の両方に、直接アクセスすることはできないのだ。

言語が虚構であるという認識が可能となるのは、私たちの現実が言語、より広くいえば象徴秩序や〈大文字の他者〉によって構築されているという、誤った信念が常にあることを自覚した場合のみである。

70. 目の錯覚

そうした認識には何が含まれるのかを説明するためにジジェクは、ラカンが1960〜70年代に提示した、メビウスの輪を例にした「湾曲した」空間の地政学を参照している。これは一片の紙片だが、実際には表面と裏面が同時に表面となる！　メビウスの輪のモデルは、一枚の細長い紙を半分ひねって、次に輪ができるように両端を繋げれば完成する。

もし昆虫がこの輪に添って這って行っても、端を越えずに輪の全周を通過して、同じ出発点に戻ってくるでしょう

メビウスの輪は、
一目見ただけでは全体を
包括的に把握することができない
ことのモデルだ

私たちは最初に目の錯覚にとらわれるべきなんだ。
すると突然、視点が移動して、自分がすでに「反対
側」にいることがわかるよ

　すなわちここでの認識とは、私たちは同じ場所にいるにもかかわらず、自分
たちがいると思っていた場所にいないことが見えてくる、というものだ。

71. アナモルフォーシス

　ラカンは、ホルバイン（1497〜1543年）の絵画「大使たち」（1533年）について、『精神分析の四基本概念』（1973年）の中で分析しており、それは私たち自身の虚構的地位の認識に何が含まれるのかを、よりよく説明してくれる。「大使たち」の前景には、奇妙に歪んだ物体が見えるだろう。

　絵の右側の高い角度から見ると、この物体が頭蓋骨であることがわかる。この引き伸ばされた視覚装置は、アナモルフォーシスと呼ばれている。

頭蓋骨の錯覚が絵の右側から知覚されると、大使たちのイメージは歪んで把握できなくなる。この矛盾は、大使たちが置かれている象徴秩序の境界のない領野こそが虚構であり、最終的には無意味であることを明らかにしている。

このアナモルフォーシス装置を通して主体は、象徴秩序は「空虚」ではないが、自分たちには見えていないことに気づく。つまり、見ていないのだ

72. ブニュエルと意味への欲望

　言語と表象こそが意味にアクセスするための手法である、という欺瞞的な考えを主体が放棄したときに、「認識」は発生する。意味への欲望は単純にブラックホールであり、言語それ自体によって組織化された状況に過ぎない。映像作家**ルイス・ブニュエル**（1900〜83年）は、例えば『欲望のあいまいな対象』（1977年）などで、終わりのない延期を繰り返すことによって、この考えを実現している。

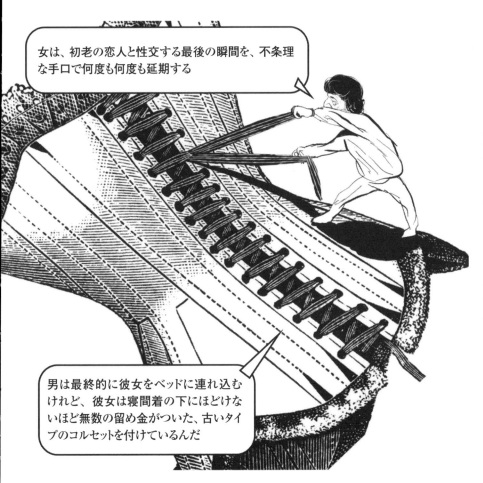

女は、初老の恋人と性交する最後の瞬間を、不条理な手口で何度も何度も延期する

男は最終的に彼女をベッドに連れ込むけれど、彼女は寝間着の下にほどけないほど無数の留め金がついた、古いタイプのコルセットを付けているんだ

　「この映画の魅力は、意味をつかむことが根源的に不可能なことが、些細な障害を経験することと、全く無意味で短絡的に接続されている点にある」。

ブニュエルの映画には、日常的なモノや行為にアクセスできない、最後まで達成できない状況がよく登場する。

単純な欲望すら実現不能な理由を説明できないことから、欲望の偏在が、いかに意味も目的もないかということが明らかになる

「彼の映画はほとんど、このモチーフのバリエーションとなっている。『アルチバルド・デラクルスの犯罪的人生』(1955年) では、主人公は単純な殺人を成し遂げたいと思うのだが、彼の試みはことごとく失敗する。『皆殺しの天使』(1962年) では、パーティが終わった後、裕福な人々は屋敷の敷居を越えて立ち去ることができない。『ブルジョワジーの密かな愉しみ』(1972年) では、二組のカップルは食事をしたいにもかかわらず、予期せぬ些事によってこの単純な願いが常に成就できなくなるのだ」。

73. 不道徳な倫理

　ジジェクにとって、象徴秩序が虚構であると暗黙理にでも認識することは、人生における実践的な行為であり、実行すべきことであり、決断なのである。ジジェクはこれらの行為が、「不道徳な倫理」のカテゴリーに分類されるとしている。不道徳な倫理とは、逆説的に、**本物**の形の倫理ということを意味している。

不道徳な倫理は、大文字の他者によって支配されている象徴秩序の正常な座標を、転覆させるんだ

倫理とは、私たち自身の欲望との関係、そしてその欲望への忠実さに関することなんだ

74. 法を超えた欲望

　この不道徳な倫理に関するジジェクの考えの多くは、ソポクレスの戯曲『アンティゴネー』（紀元前442年頃）についてのラカンの議論に従っている。これは1959～60年のセミネールで行われた議論で、『精神分析の倫理』（1960年）に所収されている。

　劇中でアンティゴネーは、兄ポリュネイケスの亡骸を戦場に不名誉にも打ち棄てたままにせよという、テーベの王クレオンの勅令に頑固に逆らう。彼女は自分が処罰を受け、生きながら葬られることを知りつつ、兄を埋葬する。

兄の名誉を守りたいというアンティゴネーの欲望は、法を超えているんだ

法に背くことでアンティゴネーは、人が犯すことのできる罪とは唯一、自分の欲望について根拠を与えることだけであると示したのだ

　ジジェクもこれに同意し、倫理とは自分自身の欲望との関係についてのことだ、と述べている。

アンティゴネーのとった不道徳な倫理的行為は、〈大文字の他者〉の理想を挑発するだけでなく、主体のアイデンティティやその前提そのものに、疑問を投げかけている。このことを説明するためにジジェクは、デヴィッド・フィンチャー監督映画『ファイト・クラブ』(1999年)の中で、僕[ナレーター]が上司の前で自分を叩いたり殴ったりする場面を挙げている。

　「この場面はある種のマゾヒズムや倒錯した暴力の形からほど遠く、非常に解放されている。私はここに、つまり拳の側にいる。これこそが解放という意味なのだ。敵を攻撃するために、あなたはまず自分自身をコテンパンに殴りつけなければならない。あなたを指導者や奴隷制などに結びつける、自分自身の中にあるものを取り除くために」。

75. 対話の拒絶

　「不道徳な倫理的」行為は、反逆的な拒絶の形を取ることもできる。2008年以降、経済不況が西側諸国を襲うと、政治家は増税し、公的補助をカットし、福祉国家を解体し始めた。こうした状況では、政治家は社会にアピールすることで、自分たちの行動への支持を得ようとしがちになる。

みんなで一致団結しましょう！

PLEAS HELP ME I'm POOR And SICK I WILL VOTE FOR YOU THANK YOU

デービッド・キャメロン

私たちは一致団結なんてしない。理由は簡単で、今日の政治家にはこの危機を任せられないからだ

　ジジェクによると、実のところ政治家たちは、資本家の利益に沿って危機を管理しようとするあまり、却って事態を深刻にしてしまっているのだ。

このような政治的・経済的危機において、人々は政治家たちとの対話を止めることが適切な行為であると、ジジェクは考えている。それはベルナルド・ベルトルッチ（1941〜2018年）の映画『1900年』（1976年）から着想された考えである。映画の一場面で地主は、農場労働者のグループに話しかけ、「私も犠牲を払っている！」と言いながら賃金削減を擁護する。するとそのとき労働者のうちの一人が、残酷にも自分の耳を切り落とし、彼と仲間たちはもはや耳を傾けない、と暴力的に宣言するのだった。

　この場面からジジェクは、二つの点を結論づけている。①資本家たちが、政治的な進歩のためには対話が不可欠だと考えていても、紛争状況では適切でないことがあること。②抑圧からの解放のための闘争は、しばしば苦痛に満ちたプロセスが不可避となること（とはいえジジェクは、必ずしも私たち全員が耳を切り落とすべきだと、主張しているわけではない！）。

76.『ドン・ジョヴァンニ』における
不道徳な倫理…

　ジジェクは、自分の不道徳な倫理という考えには、例えば抑制のない快楽主義のような、欲望のファンタジーを満たすことは含まれないことを強調している。

欲望とは、自分の自然で自発的な気持ちに従うことではない。欲望とは例えそれが痛みをもたらすものであっても、それに従うことを意味するんだ

　このことをより良く理解するためにジジェクは、モーツァルトのオペラ『ドン・ジョヴァンニ』(1787年)のタイトル・ロールである「ドン・ジョヴァンニ」について、一風変わった解釈をしている。

ドン・ジョヴァンニは若く、放蕩な貴族であり、女癖が悪く社会からつまはじきにされている。オペラの終盤、道徳的良心を示す像である「騎士長」と対面し、悔い改めるよう命じられたとき、彼は自分が地獄で焼かれることを知っていながらも、それを拒絶する。ジジェクはなぜドン・ジョバンニは悔い改めないのか？　と問いかける。

明らかに死後の利益のためではない。彼のこれまでの人生への最大限の忠誠からだね

彼の過ごした人生は不道徳だったかもしれないが、それは享楽や利益のためではなく、自分の原則に従ったんだ。実存的な選択なんだ

77. …そして『カルメン』

ビゼーのオペラ『カルメン』(1875年) に登場する、美しいロマの女性、カルメンも同じ事例だ。ドン・ジョヴァンニ同様カルメンも「不道徳」であり、自分自身の欲望に従うことで、恋人の人生を台無しにする。ドン・ホセを誘惑し、彼に軍隊を捨てさせた後、別の闘牛士のために彼を捨てる。オペラの歌詞にあるように、「彼女は自由に生まれ、自由に死ぬ」。嫉妬からドン・ホセはカルメンを殺害する。

78. 革命的な倫理

　ラカンによる『アンティゴネー』の分析は、個々の行為に適用される不道徳な倫理についての、ジジェクの考えのモデルとなっている。

> だけど、不道徳な倫理の本質や性格は、集団行動、特に革命的な出来事においても露呈するね

　この点でジジェクは特に、次に挙げる革命時に起こったことに興味を持っている。それは1789〜1793年のフランス革命、1917年〜30年代のロシア革命、そして1920年代に始まり1976年の毛沢東の死去で終わる中国の毛沢東主義革命である。

79. 美徳としての恐怖

　フランス革命についてジジェクは、倫理を「自分自身の欲望への忠誠」にまで拡張して適用している。そこには1789年の「人権宣言」によって革命が始まるその瞬間だけでなく、1793〜94年にかけて、ジャコバン派の指導者**マクシミリアン・ロベスピエール**（1758〜94年）によって始まった、いわゆる「恐怖政治」までが含まれる。恐怖政治は、ルイ16世と彼の妻マリー・アントワネットの処刑から始まった。

さらに、ギロチンによる革命家の処刑が16,594人、政治犯の略式処刑が40,000人と推定されている…

最終的には
ロベスピエール本人も
そこに含まれた

ジジェクはフランス革命に対する典型的な自由主義的態度、すなわち彼が言うところの「1793年抜きの1789年」として定式化することに反対している。「要するに繊細なリベラル派が望んでいるのは、カフェイン抜きの革命であり、革命の臭いのない革命なのだ」。　　　　　　　　　　　⑭『大義を忘れるな』

　ロベスピエールが宣言した革命の目的は「自由の運命を真実の手に取り戻す」というものだった。そしてこの目的のためには、いかなるものも邪魔することが許されなかった。たとえそれが反革命派の処罰や無慈悲な死刑であったとしても。

145

穏健派は
革命抜きの革命を
望んだのです

　ジジェクはロベスピエールの主張を、次のようにまとめている。「穏健派が望むのは、恐怖政治と民主主義が一致するような、過剰さが剝奪された革命であり、既存の規範に従って社会的ルールを尊重する革命、暴力から「神的」次元が奪われた結果、厳密すぎて限定的な目標にしか役立たない、戦略的介入に還元された革命なのだ」。

⑭『大義を忘れるな』

80. 孤独の中の決定

　革命的暴力の文脈における「神的次元」とは、超越的な次元、つまり抑圧者や腐敗した者に復讐をもたらすような神の介入でも、あるいは超自然的な神による介入のことでもない。その代わりにジジェクは「神的次元」を、「主権者の決断という孤独を英雄的に引き受けることだ」としている。「それは絶対的孤独の中でなされた決断（誰かを殺害する、危険にさらす、命を落とす）であり、〈大文字の他者〉によって保護されたりしない」。

　ロベスピエールを引用しながらジジェクは、恐怖政治を含む革命的な出来事においては、正義と復讐が一致する点が存在するとしている。

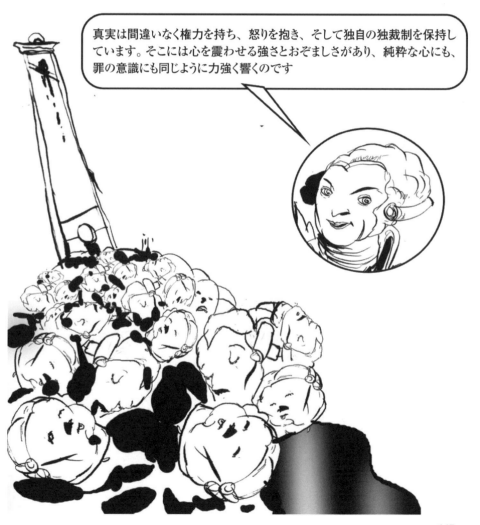

真実は間違いなく権力を持ち、怒りを抱き、そして独自の独裁制を保持しています。そこには心を震わせる強さとおぞましさがあり、純粋な心にも、罪の意識にも同じように力強く響くのです

81. 善悪の彼岸

　ジジェクにとって、既存の道徳や法の形式を超えて存在する過剰さとはまさに、真の革命政治を保証する印である。真の革命下では、罪の基準となる国家や法が存在しないため、革命家たちが有罪か無罪かは問題とならない。革命では、あらゆることが廃止されている。もちろん何が正しくて何が間違っているかを判断するための、独立した方法が存在するという考えすらない。

合法な国家権力と、非合法な国家権力の間の差異は保留される。つまり、革命状態にある国家の権力は非合法なんだ

　ジジェクによるとこうした考えは、ニーチェの著作、その名も『善悪の彼岸』(1886年)と一致する。

ジジェクは、ロベスピエールの1792年の宣言、すなわちルイ国王の裁判は裁判ではないという言葉について、真の革命国家は善悪の観念を超えて存在する、という主張として解釈している。

ここで開かれるべき裁判はない。ルイは被告人ではない。そしてあなたは裁判官ではないのです

ロベスピエールは続けてこう述べた。ルイ国王の処刑が適切であるのは、彼が有罪だったからではなく、彼が革命に反対したからだ。「ルイは国王だったが、共和国が設立されるのだ。諸君が悩んでいる問題はこの言葉だけで解決する。ルイは自身の犯罪によって退位した。彼はフランス国民を反逆者であると非難し、彼らを厳しく罰するために、お仲間の専制君主たちの軍隊に訴えたのだ。よって勝利の女神と人民は、彼こそが反逆者であると決定したのだ」。

⑭『大義を忘れるな』

だからルイを裁くことはできないのです。彼がすでに有罪判決を受けているか、あるいは共和国が無罪となっていないかのどちらしかないのです*

*ルイの裁判を認めることは、旧専制政治体制への退行を意味し、結果として革命を否定することになるため。

82. いかなる犠牲を払っても変革を

恐怖政府政治は、既存社会のあらゆる権力関係をも変革する要求を含んでいる1789年の革命時の出来事を、にも関わらず、あらゆる犠牲を払ってでも否定せず、そのまま維持しようとしたのだった。こうした変革の例として、スターリンの試みが挙げられる。彼は1920年代後半にロシアで小作人を集団化し、労働者を束ねる既存の封建的な方法を破壊しようとした（最終的には失敗するが）のだった。

小作人はその当時のロシアの人口の8割を占めていた。スターリンは心から小作人制度を終わらせたいと思っていた

暴力という言葉が、基本的な社会基盤や基本的な社会関係を変えることを意味しているのであれば、それこそが真の暴力なんだ

83. スターリンの再評価

　1930年代初頭までには、スターリンの急進的な政治プロジェクトが多かれ少なかれ内部崩壊した（もともとの革命精神のうちのある部分は、痕跡として残り続けたが）ことを、ジジェクは認めている。にもかかわらず彼は、ロベスピエールと同様、スターリンの政治的側面を単純に全否定することはせず、むしろ再評価しようとしている。

スターリンはレーニンの『唯物論と経験批判論』（1908年）を所有しており、その写しが彼の死後、寝室で発見された。裏表紙にスターリンは赤鉛筆で次のように書き記している。

第一に弱さ、第二に怠惰、第三に愚かさ。悪徳と呼べるのはこれだけだ。これらを欠いた全ての物事は間違いなく美徳だ。もし、ある人間がまず健全な精神を持ち、次に活動的で、さらに賢明か有能であったならば、他にどんな悪徳があろうと良き人とみなされる。

⑭『大義を忘れるな』

ジジェクからすると、これは彼の「不道徳な倫理」という考えを実にうまくまとめたものである。

84. 暴力と不能

　不道徳な倫理の暴力が行われた政治的出来事の例としてジジェクは、1990
年代にリオデジャネイロで起こった食料暴動をあげている。それは困窮した
貧民街(ファベーラ)の人々が都市に押し寄せ、中産階級を略奪し、恐怖に陥れた暴動だった*。

　しかしながらジジェクは、単に暴力それ自体を擁護しているわけではない。

問題は、そう、いつもタイミングなんだ

*1980〜90年代初め、ブラジルは深刻な経済危機に
陥り、特に貧民街の治安は非常に悪かった。

本当の問題は、実際の変革という暴力からすると、真に暴力的であることが非常に難しいということにあるんだ

　「確かに革命家の任務は暴力的であることだが、実際には単なる無力な行為の遂行［衝動的な演技］に過ぎないタイプの暴力を避けることも重要だ」。

　この認識に照らし合わせるとジジェクは、「何もしないことが、過激なジェスチャーになる瞬間が存在する」と考えている。

85. 〈大文字の他者〉との妥協はない

暴動やリンチ、政治的言説への接触禁止、集団的・国家主義的意思の強制など、政治的解放運動の過激なジェスチャーがどのような形を取るにせよ、ジジェクはそのようなジェスチャーこそが、〈大文字の他者〉を用無しにする、と主張する。

自分の欲望に従うということは、自分の欲望のルールという形をした〈大文字の他者〉の法則に同意することである、という議論には断固反対だね

ジジェクによれば「ラカンの精神分析における倫理の格言、すなわち「欲望を妥協しない」は、超自我の圧力と混同してはならない」のだ。まして、楽しみを放棄することは、超自我の命じる「楽しめ」との妥協でもない。

妥協していいのは、欲望に従わないことに罪悪感を持つことだけだね

この妥協は、超自我が私たちを捕らえ、恐喝者のようにゆっくりと私たちを血祭りにあげる方法だからね

DESIRE

86. 義務と定言命法

　ラカン同様ジジェクも、自身の欲望に従うことと超自我との間には関係がないことを理解するために、啓蒙主義の哲学者イマヌエル・カント（1724〜1804年）が『実践理性批判』（1788年）で展開した「定言命法」の概念を参照している。

　カントの定言命法は、私たちが義務を果たすことが無条件の命令であることに掛かっている。「あなたはそうすることができる。なぜならそうしなければならないからだ！」。これは、「では私の義務とはなんだろうか？」という疑問を残してしまう。

カントは、義務とは何かを**アプリオリ**（事前）に特定しないことで、それを自分の責任回避の言い訳にできないようにした。この点に関してジジェクは、1961年にアドルフ・アイヒマンが行った、ナチス時代の自身の過去に対する弁護に異議を唱えている（アイヒマンはSSの将校であり、ユダヤ人の強制収容所への移送を担当した主要人物の一人だった）。

　こうした弁護にカントが返答するとすれば、「自分の義務を果たすための言い訳は存在しない」というだろう。ジジェクが述べているように、「義務を果たすための言い訳として義務に言及することは、偽善的なのである」。

この考えについて、同様の例をジジェクは挙げている。「自分の生徒に冷酷な規律と体罰を与える、厳格でサディスティックな教師のことわざを思い出して欲しい。彼は自分と他の人たちに対して次のような言い訳をする…」。

私自身は、かわいそうな子どもたちにそんなことをする気にはなれないんだが、どうしたらいいというんだ、これは私の義務なんだ！

私だったらこう返答するね。私は、自分の義務を果たすだけでなく、自分の義務が何であるかを決定することにも全責任を負っているのだ、と

すなわち、義務の名の下に侵されたどんな犯罪も、それに対する責任は、公正かつ明確に主体にあり続けなければならない。それを〈大文字の他者〉という誰かのせいにすることはできないのだ。

自分の行動の結果に対して、想定していた〈大文字の他者〉による支援が得られないとなると、主体は権威に逆らう力がなかったと主張することによっては、自分の行動を弁明できないことになる。「強制収容所の看守や拷問者を例に取ってみよう。そうした人たちは自分の行為から身を引くことができずに、「私は自分の義務を果たしているだけだ」と言って正当化するのだ」。

> あなたは自分の義務に対する責任だけでなく、何が自分の義務かということに対して全責任がある、と想定しなければならない

> あなたは「仕方がないんだ。言われたことをただやっただけなんだから」などと言うことはできない。あるいは、無意識がそうさせた、ともだ。**仕方なくなどないんだ！**

ARGENTINA 78

* argentinos somos derechos y humanos

アルゼンチン人には権利がある人間なのだ

　ラカンに倣ってジジェクも、主体は自分の無意識にすら責任があると主張している。なぜなら無意識こそが、主体の欲望が位置するところだからだ。

　＊1976〜1983年、アルゼンチンの軍事政権
　下では国家による多くの人権侵害が起こった

87.〈大文字の他者〉など存在しない

　義務に関するジジェクの議論の意味するところは、主体が自分の行動に対して全責任を負わなければならないということだ。ジジェクは「〈大文字の他者〉など存在しない」というラカンの意見を支持している。〈大文字の他者〉は完全な幻想である。このためジジェクは、哲学者であるデリダが提唱した「無限判断」の倫理には同意しない。

現在の私たちは、将来において解放され自由となった共同体から、遡及的に判断されるかのように行動しなければならない

　ジジェクはここに、現在には存在していないが、まだ決定されていない未来から現在に影響を与える、〈大文字の他者〉という考えがあるのを読みとり、デリダに反論しているのだ。

88.〈大文字の他者〉と聖書

「〈大文字の他者〉も、創造物を気にかけるような父なる神も存在しない」という認識は、実は聖書で切り開かれた考えだ、とジジェクは述べている。彼によると、ヨブ記は旧約聖書において不協和音を奏でる謎である。したがって、宗教的なテキストというより、哲学的テキストと同じ手法でアプローチする必要がある。

> 旧約聖書のほとんどの文書が、神の全能と人間の取るに足らない地位を祝賀しているのに対して、ヨブ記は、神の目的そのものを問うている

89. ヨブの試練

　ヨブは神を信仰し、そして非常に敬虔な人物であったにもかかわらず、彼個人にだけ降り続く災難を経験した。

　ヨブ記の中でヨブは、三人の友人、テマン人のエリファズ、シュヒ人のビルダド、ナアマ人のゾファルの訪問を受け、神がヨブに害をなした理由について憶測する。そしてついには神自身が、この議論に参加したのだった。

シンェクにとって「本ヨの驚さは、ヨノ記かヨノの古境の謎に対して、満足のいく答えを与えていないということだ」。

ヨブは自分の不運が自分の罪のせいであるとか、自分を善きものにする計画の一部であるとは一言も言わない

最後に神はやってくるが、それは謎について答えるためではなく、謎を提示するためなんだ

90. 冒瀆者としての神

　神が自分の計画の説明を拒絶することは、神の神聖な仕事は人類の理解を超えているという、聖書の正統的な考えを裏付けているように見えるかもしれない。だがジジェクによれば、ヨブ記の全てが不可解であることに対する神の主張は、予想もしない結果をもたらす。

神は、ヨブにびっくりするような世界を見せてあげたいんだよ。ヨブに見せられるのはバカげた世界だけだとしてもね

人を驚かすためなら、神はすぐにでも冒瀆的にもなるよ。神は一瞬にして**無神論者**にすらなるからね

「神はヨブの前に創造物のリストを展開する。ウマ、ワシ、カラス、ロバ、クジャク、ダチョウ、ワニ。神はそれぞれを説明するが、それは太陽の下を歩く怪物のようだ」。

91. 神の失敗

　ジジェク曰く、ヨブ記における神は、論理的で一貫した主張をするとされる姿とは全く異なるため、意味は深淵へと追いやられてしまう。「ヨブは審問項目を提出する。神は感嘆文で答える」。

この世界は説明可能であることをヨブに証明する代わりに、神は、この世界はヨブが考えもつかないような奇妙な世界であると主張するんだ

　「神は謎を解決するが、その代わりにより根源的な謎に置き換える。そうして謎を深めることで神自身が、できあがった世界の混沌とした狂気を前にして、ヨブと一緒に驚いてしまうのだ」。

もし神が、ヨブ記の中で自らの非存在を主張するならば、このことは、キリストの磔刑において儀式的に成就されると、ジジェクは考えている。「〈大文字の他者〉は存在しない」という彼の哲学を念頭に置くと、キリストの磔刑物語から導き出される真の哲学的教訓は、神の子が十字架上で死んだということに留まらず、神も死んだ、ということになるとジジェクは考えているのだ。

92. 量子の不確実性

主体の個人的・社会的アイデンティティを充足する神、すなわち実際には〈大文字の他者〉の姿がなければ、「現実」それ自体はなぜか不完全で未完成なものになる。

このように存在論*的に未完成なものとして「現実」を捉えることは、現代の物理学が関心を寄せていることでもあるんだ

*存在及び存在の性質についての探究

量子物理学は、粒子の速度と位置を一緒に記述できないので、粒子を量子のレベルで完全に知ることはできないとしている。

アルベルト・アインシュタイン（1879〜1955年）にとってこの原理は、量子物理学が現実を完全に記述できないことの証明であり、このことから、量子物理学が捉えられない未知の特徴があると結論づけたのだった。しかし彼に続く物理学者である**ヴェルナー・ハイゼンベルク**（1901〜76年）や**ニールス・ボーア**（1885〜1962年）は別様に考えていた。

93. デジタル・リアリティ

　ジジェクはこうした物理学者たちの現実の見方を、ビデオゲーム上でデジタル的にシミュレートされた現実に例えている。そうしたゲームの作者たちは、わざわざ現実全体を構築しようとしていない。ゲームのある部分は完璧に構築されている。だがゲーム操作に不可欠でない部分、例えば背景の家などは、全部きちんと構成されているわけではない。同じことが人物構成にも当てはまり、説得力を得るためには人の外側を構築するだけでいいのだ。

宇宙の成り立ちも
同じように考えることができるね

神学的な視点に戻ると、神は私たちの現実の経験をプログラムしたコンピュータ・プログラマーだと、ジジェクは冗談めかしている。このシナリオでは、神は少し怠惰なプログラマーだ！

神はプロジェクトを完成させず、量子レベルで不完全なものを残している

人間は原子レベルより先を理解できないだろうと、神は考えていた

しかし私たちは少しだけ賢かったので、神の予想を超えてしまい、神の創造の不完全な部分を発見してしまったんだ！

94. 未完成の現実の自由

　ジジェクは、現実が不完全であるという考えは非常に開放的だと考えている。完全な「現実」が存在しないならば、自己の幻影もまた崩壊する。なぜなら、統合した自己を実体化するために役立つはずの「外部の現実」に、明確なものは何も存在しなくなるからだ。残されるのはただ、象徴秩序の中心に存在する虚構と対決することだけだが、主体は統合されたアイデンティティを維持するためにこの対決を拒絶するのである。

ブックリスト

　これまでに出版されたジジェクの約 50 冊の本から以下を選んだ。このリストからは、ジジェクの仕事やアイデアが多岐にわたっていることが、時系列順に、包括的に理解できるだろう。テーマの幅は、政治学、イデオロギー、精神分析、哲学に及び、さらにハイカルチャーからポピュラーカルチャーまで幅広く探究している。

① *The Sublime Object of Ideology,* 1989, Verso ／『イデオロギーの崇高な対象』鈴木晶訳、2000 年、河出書房新社

② *Looking Awry: An Introduction to Jacques Lacan through Popular Culture*, 1991, MIT Press ／『斜めから見る：大衆文化を通してラカン理論へ』鈴木晶訳、1995 年、青土社

③ *For They Know Not What They Do: Enjoyment as a Political Factor*, 1991, Verso ／『為すところを知らざればなり』鈴木一策訳、1996 年、みすず書房

④ *Enjoy Your Symptom! Jacques Lacan In Hollywood and Out,* 1992, Routledge (second edition with an added chapter on The Matrix, 2001) ／『汝の症候を楽しめ：ハリウッド VS ラカン』鈴木晶訳、2001 年、筑摩書房

⑤ *The Metastases of Enjoyment: Six Essays on Woman and Causality,* 1994, Verso ／『快楽の転移』松浦俊輔・小野木明恵訳、1996 年、青土社

⑥ *The Indivisible Remainder: An Essay on Schelling and Related Matters,* 1996, Verso ／『仮想化しきれない残余』松浦俊輔訳、1997 年、青土社

⑦ *The Ticklish Subject: The Absent Centre of Political Ontology,* 1999, Verso ／『厄介なる主体：政治的存在論の空虚な中心（1・2）』鈴木俊弘・増田久美子訳、2005 年 -2007 年、青土社

⑧ *Did Somebody Say Totalitarianism? Five Interventions in the (Mis)Use of a Notion,* 2001, Verso ／『全体主義：観念の（誤）使用について』中山徹・清水知子訳、2002 年、青土社

⑨ *On Belief,* 2001, Routledge ／『信じるということ』松浦俊輔訳、2003 年、産業図書

⑩ *Opera's Second Death* (with Mladen Dolar), 2001, Routledge ／ ムラデン・ドラー共著『オペラは二度死ぬ』中山徹訳、2003 年、青土社

⑪ *The Puppet and the Dwarf: The Perverse Core of Christianity,* 2003, MIT Press ／『操り人形と小人：キリスト教の倒錯的な核』中山徹訳、2004 年、青土社

⑫ *The Parallax View,* 2006, MIT Press ／『パララックス・ヴュー』山本耕一訳、2010 年、作品社

⑬ *How to Read Lacan,* 2006, Granta Books ／『ラカンはこう読め！』鈴木晶訳、2008 年、紀伊国屋書店

⑭ *In Defense of Lost Causes,* 2008, Verso ／『大義を忘れるな：革命・テロ・反資本主義』中山徹・鈴木英明訳、2010 年、青土社

⑮ *First as Tragedy, Then as Farce,* 2009, Verso ／『ポストモダンの共産主義：はじ

めは悲劇として、二度めは笑劇として』栗原百代訳、2010 年、筑摩書房
⑯ *Living in the End Times,* 2010, Verso ／『終焉の時代に生きる』山本耕一訳、
2012 年、国文社

　ジジェク自身は自分の著作の中でも、『イデオロギーの崇高な対象』、『厄
介なる主体』、『パララックス・ヴュー』が素晴らしいと評価している。加
えて、ワーグナーのオペラに焦点をあてた『オペラは二度死ぬ』も自慢の
書だ。ジジェクの著作は名人芸に達しているが、概念的に複雑で求めるも
のが高いことも多い。彼が執筆した入門書としては、*Virtue and Terror,* 2007,
Verso、*On Practice and Contradiction,* 2007, Verso、そしてジジェクが編集した
V.I. Lenin, *Revolution at the Gates: A Selection of Writings From 1917* がある。これ
らはジジェクの考え方とアプローチについて、短く簡潔な洞察を与えてく
れる。Elizabeth Wright と Edmond Wright による The Zizek Reader (Blackwell,
1999) もまた、文化、女性、哲学の項目に分けられたジジェクの評論集となっ
ている。
　ジジェクを知るもう一つの方法として、彼を取材したドキュメンタリー
がある。アストラ・テイラー監督、ツァイトガイスト・フィルムズ配給の
『ジジェク！』は 2005 年に製作されており、2006 年にはソフィー・ファ
インズ監督、ジジェクが脚本を担当した（P. ガイド社＆ ICA 企画（UK）
配給）『スラヴォイ・ジジェクによる倒錯的映画ガイド』が製作された。
他にも数え切れないほどの講義や講演動画が YouTube やウェブ上にアッ
プされており、それらは非常に明解で魅力的だ。ジジェクの著作や論文
の完全な文献リストは、Lacanian Ink 誌が編集したものを https://www.lacan.
com/bibliographyzi.htm でみることができる〔ただし更新は 2010 年で止まっ
ている。その後の情報も含めて Wikipedia の Bibliography が詳しい https://
en.wikipedia.org/wiki/Slavoj_Zizek〕。このサイトにはジジェクに関する重要な
二次資料もリストアップされている。マシュー・シャープとジェフ・ブー
シェによる *Zizek and Politics: A Critical Introduction,* 2010, Edinburgh University
Press は、ジジェクの哲学的展開と見解を、様々な観点から理解するために
概説された良いテキストとなっている。（クリストファー・クル＝ワント）

クリストファー・クル＝ワントによる謝辞
　本書の準備に貢献してくれた全ての人々に感謝する。特にダンカン・ヒー
ス、ピエロ、ディーン・カニング博士、キャサリン・ヤス、そしてセント
ラル・セントマーチンズ芸術学校の修士課程の学生たちに感謝する。加え
て本書が書かれ始めた初期の段階で、スラヴォイ・ジジェク本人からとて
も大きな支援を頂けたことに、私とピエロより心から感謝申し上げる。私
はこの本を娘のアンナ・テアに捧げる。
　なお、*Looking Awry: An Introduction to Jacques Lacan through Popular Culture* から
の引用は MIT Press の好意によるものだ。

もっとジジェクを知りたい人たちへ

　スターバックスを片手に共産主義を語る哲学者、ジジェクとは一体何者なのか、おわかりいただけただろうか。ジジェクによれば、スターバックスのコーヒーとは資本主義の搾取構造を隠蔽し、環境改善や貧困撲滅のために貢献していると消費者に思い込ませるイデオロギーの象徴であり、私たちはそのからくりを知りつつも飲むことを止められない世界に生きているのである（45〜47頁参照）。こうした一読しただけではわかりづらい考え方も、本書のように図解されることで、彼の主張がよりアクチュアルな問題として理解できるのではないだろうか。

　本書の原著の出版からすでに10年以上経過しており、ジジェクはその間にも加速度的に膨大な量の論述を発表し続けている。特に近年のジジェクは時事的な問題に対しても積極的に発言しており、アフガニスタン戦争（2001〜21年）についてはもちろんのこと（『「テロル」と戦争』）、アラブの春（2010〜12年）や香港民主化デモ（2019〜20年）といった一連の民主化運動（『2011　危うく夢見た一年』『あえて左翼と名乗ろう』）、トランプ前大統領とアメリカについて（『分断された天』）、新型コロナウイルス感染症（COVID-19）によるパンデミック（『パンデミック』『パンデミック2』）、そして難民問題やウクライナ戦争についても、新聞や雑誌に執筆するだけでなく、おびただしい数のインタビュー動画が、YouTubeなどを通じてウェブ上にアップされている。

　こうして多弁に現代について発言し続ける傍ら、政治思想（『絶望する勇気』『真昼の盗人のように』）についてだけでなく、ヘーゲルについても大著を継続的に出版している。*Less Than Nothing: Hegel and the Shadow of Dialectical Materialism* (2012, Verso Books)、*Absolute Recoil: Towards a New Foundation of Dialectical Materialism* (2014, Verso Books)、*Hegel in a Wired Brain* (2020, Bloomsbury USA Academic)、そして『性と頓挫する絶対』などである。『性と…』はその構造をスピノザの『エチカ』（1677年）に倣いながらも、いつものようにヘーゲルの思想を縦横無尽に参照して、人間だけに許されたものとしてのセクシュアリティについて饒舌に論じていく。

　さらに喋り続けるジジェク像を有名にしたドキュメンタリー映画『ジジェク (*Zizek!*)』（2005年）出演以降も、『スラヴォイ・ジジェクによる倒錯的映画ガイド』（2006年）では主にハリウッド映画作品を通して精神分析について、そして『スラヴォイ・ジジェクによる倒錯的映画ガイド2　倒錯的イデオロギーガイド』（2012年）では社会問題を「欲望」「イデオロギー」といった観点から、こちらも多くの映画作品を交えて饒舌に語っている。

　ジジェクが取り上げる多岐にわたるテーマは、その時々の時事コラムのように読むこともできるが、次々と論じられる新しい社会問題を理解するためのキーワードは、多くの場合本書でも取り上げられる「共産主義」や「貧困」、「全体主義」であったりする。例えば29頁に登場する「コモンズ」は、人類の英知をネットワーク上で共有するデジタル・コモンズを理解するために、

必要となる概念だ。このように、ジジェクの主張を支える根源的な思想は長年にわたって堅固に構築されており、その土台の上に様々な問題が調理されていくのがおわかりになるだろう。

そしてその根幹となっているのはヘーゲル、マルクス、ラカンの思想である。しかしジジェクは、彼らの思想を文献学的に解釈するのではなく、現代の問題を論じるために召喚する。すなわち、イデオロギーによって硬直した主体を否定性哲学によって再規定し（ヘーゲル）、貧困や難民問題を資本主義の弊害であると糾弾し（マルクス）、あるいは私たちが日常手にする商品を精神分析によって論じる（ラカン）ために必要なのだ。あるいはむしろ、ジジェク自身が「映画を論じるために哲学を選んだ」とうそぶいているように、ヘーゲルやマルクスらの思想を理解するために、時事的問題を論じているといってもいいかもしれない。いずれにせよ、ジジェクが依って立つ基礎的な思想については、本書を一読いただければ把握できるはずである（ただしヘーゲルの思想については取り上げ方が弱いため、興味がある方はマイヤーズの『スラヴォイ・ジジェク』を参照することをお勧めする）。

ジジェクはいまだ「西洋で最も危険な哲学者」として発言し続け、高い人気を集めている。ジジェクは多様なトピックを、伝家の宝刀であるヘーゲル・マルクス・ラカンを使って論じていくが、その切れ味だけを彼の人気の要因とするには無理があるだろう。ジジェクの人気の理由は一体どこにあるのだろうか。本書の筆者クル＝ワントは「貧困や環境問題、政治的の弾圧といった世界的問題について真剣に考えてきた」（6

頁）と、ジジェクの取り上げるテーマをその要因に挙げているが、そうしたテーマについて、例えばマイケル・サンデルやエマニュエル・トッドらなども同じように取り上げてはいる。しかしジジェクの人気は、彼らに対するものとは別種の熱狂を帯びているように思われる。推察するに、ジジェクの発言を多くの人が聞きたがるのは、ともすると床屋談義に陥りかねない語り口の中に、明らかに自由を守り、不正を許さない姿勢がはっきり見て取れるからではないだろうか。

例えば今日の「識者」の多くが、多様性やポリティカル・コレクトネスを称揚し、人種差別やヘイトクライムを糾弾するが、社会は却ってますます「正しさ」で硬直していくように見える。ジジェクはこうした息苦しい現代において、「ポリコレ」が厳格な道徳主義を主張しているように見えながら、何についてどのように発言すべきかを恣意的に決定している（例えば反人種主義的な発言は許されるなど）ことを攻撃し、人種差別主義者が想定している「人種」が、明確な定義や対象を持たないイデオロギーに過ぎないことを指摘することによって、人種差別主義が成立するためには差別すべき人種が必要になるという共依存関係を暴き出すのだ。こうして一見すると時代に逆行しているように聞こえるジジェクの主張は、私たちの現代社会の虚構性と不自由さを前景化する警鐘へと変わるのである。このように現実的な問題に対するバランスの取れた結論と、過激な理論展開とのギャップが、彼の発言に触れる快楽となっている。

しかしこうしてイデオロギーを剥ぎ取られた現実が、より自由で「本当の世界」であるわけではないことに気をつけなければ

ならない。それは新たなイデオロギーに支配された〈想像界〉の世界（例えば陰謀論が唱える「ディープステート」とはまさにこれにあたる）であり、人種差別やヘイトクライムが経済問題であることが隠蔽されているに過ぎないからだ。では「本当の世界」へ辿り着くことはできるのだろうか。

　ジジェクによればそんなことは不可能である。この世界はあらゆる言語活動ネットワークであるところの〈象徴秩序〉を介することによってのみ、私たちに把握可能な形を取るだけであって、生そのものの領域である〈現実界〉に到達することは決してできない。しかし言語によって支配される〈象徴界〉もまた、私たちの世界そのものではなく、例え私が自分の経験を言語化しているとしても、常にその言語化された経験と私のリアルな経験は乖離している。私が今飲んだ水は、単なる H_2O ではなく、私の喉の渇きをいやすだけのものでもなく、それ以上の何かである。この水の存在や経験は〈現実界〉と〈象徴界〉の隙間に存在するのだ。

　そのような世界の中で私たちが自由であるために、ジジェクは決して到達できない〈現実界〉へも、そして全てが言語によって構成される〈象徴界〉へも逃避することなく、その境界でどちらに属すこともできずに絶望しながら、それでもこの現実に踏みとどまれ、という倫理的な言明をしているのだ。これが本書の結論に示されている「不完全な世界における自由」の意味するところである。

　こうしたレトリックは主体の問題にも適用される。〈大文字の他者〉という幻想を想定することで、私たちはその対偶として「自己＝主体」が確立すると考えているか

もしれないが、この〈大文字の他者〉は私たちの行為の結果に対する責任を免除してしまう存在ともなる（「私は命令に従っただけです」）。こうした言い訳をさせないために〈大文字の他者〉とは妥協しない！（156頁）と叫び続けるのだ。

　ジジェクはこうして、自分たちが作り出したイデオロギーに取り憑かれた絶望的な世界を、それでも「楽しく」生き抜くためにヘーゲルらの思想を利用しているのである。だからスターバックスのコーヒーに存在するイデオロギーについて理解していながらも、それを理由に飲む楽しみを否定することはしない。こうした点こそ、ジジェクが常にアクチュアルであり、人気がある理由ではないだろうか。

　最後に、遅々として進まない翻訳作業を適切なタイミングで支えてくださった現代書館の原島康晴氏、そしてときに哲学業界の噂話をしながらも、厳格なスケジュール管理で最後まで伴走してくださった重留遥氏に心から感謝申し上げる。また本書を翻訳する機会の橋渡しをしてくださった、大阪大学名誉教授の池田光穂氏（『フォー・ビギナーズ・シリーズ　人類学』（2021年）の翻訳者）にも厚く感謝申し上げたい。

（翻訳者　望月由紀）

もっともっとジジェクを知りたい人たちへのブックリスト

1. *Welcome to the Desert of the Real: Five Essays on September 11 and Related Dates*, 2002, Verso Books ／『「テロル」と戦争：〈現実界〉の砂漠へようこそ』長原豊訳、2003 年、青土社
2. Tony Myers, *Slavoj Zizek*, 2003, Routledge ／トニー・マイヤーズ『スラヴォイ・ジジェク』村山敏勝他訳、2005 年、青土社
3. Slavoj Zizek, Glyn Daly, *Conversation with Zizek*, 2004, Polity ／『ジジェク自身によるジジェク』（グリン・デイリー共著）清水知子訳、2005 年、河出書房新社
4. *The Fragile Absolute: Or, Why is the Christian Legacy Worth Fighting For?*, 2000, Verso Books ／『脆弱なる絶対：キリスト教の遺産と資本主義の超克』、中山徹訳、2001 年、青土社
5. *Le plus sublime des hystériques*, 2011, Presses Universitaires de France ／『もっとも崇高なヒステリー者：ラカンと読むヘーゲル』鈴木國文・古橋忠晃・菅原誠一訳、2016 年、みすず書房
6. *The Year of Dreaming Dangerously*, 2012, Verso Books ／『2011　危うく夢見た一年』長原豊訳、2013 年、航思社
7. *Demanding the Impossible*, 2013, Polity ／『ジジェク、革命を語る：不可能なことを求めよ』中山徹訳、2014 年、青土社
8. *Event: A Philosophical Journey Through a Concept*, 2014, Melville House ／『事件！：哲学とは何か』鈴木晶訳、2015 年、河出書房新社
9. *The Courage of Hopelessness: Chronicles of a Year of Acting Dangerously*, 2017, Allen Lane ／『絶望する勇気：グローバル資本主義・原理主義・ポピュリズム』中山徹・鈴木英明訳、2018 年、青土社
10. *Like a Thief in Broad Daylight: Power in the Era of Post-Human Capitalism*, 2018, Allen Lane ／『真昼の盗人のように：ポストヒューマニティ時代の権力』中山徹訳、2019 年、青土社
11. *Sex and the Failed Absolute*, 2019, Bloomsbury ／『性と頓挫する絶対：弁証法的唯物論のトポロジー』中山徹・鈴木英明訳、2021 年、青土社
12. *Pandemic!: COVID-19 Shakes the World*, 2020, OR Books ／『パンデミック：世界をゆるがした新型コロナウイルス』斎藤幸平監修・解説、中林敦子訳、2020 年、Pヴァイン
13. *Pandemic! 2: Chronicles of a Time Lost*, 2020, OR Books ／『パンデミック2：COVID-19と失われた時』岡崎龍監修・解説、中林敦子訳、2021 年、Pヴァイン
14. *A Left that Dares to Speak Its Name: 34 Untimely Interventions*, 2020, Polity ／『あえて左翼と名乗ろう：34 の「超」政治批評』勝田悠紀訳、2022 年、青土社
15. *Heaven in Disorder*, 2021, OR Books ／『分断された天：スラヴォイ・ジジェク社会評論集』岡崎龍監修・解説、中林敦子訳、2022 年、Pヴァイン
16. *Against the Double Blackmail: Refugees, Terror and Other Troubles with the Neighbours*, 2016 Allen Lane
17. *The Relevance of the Communist Manifesto*, 2019, Polity
18. *Hegel in A Wired Brain*, 2020, Bloomsbury
19. *Surplus-Enjoyment: A Guide For The Non-Perplexed*, 2022, Bloomsbury
20. *Too Late to Awaken: What Lies Ahead When There is no Future?*, 2023, Allen Lane

人名索引

あ行

アイヒマン、アドルフ　159
アインシュタイン、アルベルト　171
オイディプス（父王）　104-108, 111-112

か行

カフカ、フランツ　81-86, 88
カント、イマヌエル　158-159

さ行

サルトル、ジャン=ポール　100
ザレクル、レナータ　12
ジジェク、スラヴォイ
　演説的手法　7
　生い立ち　8
　学歴　9-10
　観点　18
　研究ポスト　15-16
　政治的参加　14
ジョイス、ジェイムズ　65, 87-88
スターリン、ヨシフ　28, 151-153
ソシュール、フェルディナン・ド　26

た行

ダーウィン、チャールズ　36
デカルト、ルネ　124-125
デリダ、ジャック　25, 162

ドストエフスキー、フョードル　100, 102
ドラー、ムラデン　12-13

な行

ナポレオン1世（皇帝）　91
ニーチェ、フリードリヒ　19, 148

は行

ハイゼンベルク、ヴェルナー　171
バディウ、アラン　33
ヒッチコック、アルフレッド　78-80
ブニュエル、ルイス　133-134
ブレヒト、ベルトルト　27
フロイト、ジークムント　72-75, 106-108
ヘーゲル、G.W.F.　22, 77
ベケット、サミュエル　86, 88
ボーア、ニールス　171

ま・ら・わ行

マルクス、カール　22, 68, 71
ミレール、ジャック=アラン　13
ラカン、ジャック　9, 12-13, 22, 37, 67, 102,
　126-129, 131, 136, 143, 157
ルイ16世（フランス国王）　144, 149-150
レーニン、ウラジーミル　153
ロスコ、マーク　121-123
ロベスピエール、マクシミリアン　144-150
ワイルド、オスカー　48-49

事項索引

あ行

アナモルフォーシス　131-132
アフガニスタン　53-55
『アンティゴネー』　136-137, 143
イデオロギー　22-23, 71
　イデオロギーと抑圧　32, 59

意味　63
　意味への欲望　133-134
意味のある　114-116
ヴァーチャル・リアリティ　118, 172
エコロジー　33-42
〈大文字の他者〉　64-66, 71-73, 156-157,
　160-163, 169-170

か行

革命的な倫理　143-151
神
　　コンピュータ・プログラマーとしての神
　　　173
　　神の死　99-100
　　神の失敗　168-169
　　冒瀆者としての神　166
『カルメン』　142
「寛容な」社会　101-102
義務　158-160
〈9.11〉　56-58, 119
教会　88-91
共産主義　28-30, 96
恐怖政治　144-151
享楽　107-110, 113
虚構の主体　120-128
空虚な宇宙　40
経験　115
欠如　67
原父　104-106, 111-112
言語の虚構性　127-128
現実　118-119, 123-125, 170-174
権力関係　20-21
交換システム　68-71
広告　114-115
幸福　113-114, 117

さ行

自己実現　114, 117
慈善　48-49
宗教的罪　76
集合主義的変革　31
主体性　67, 109, 126-127
象徴秩序　60-67, 120-123, 174
消費主義　47
除去されたリスク　117-119
真実　19
「神的次元」　146-147
進歩的な動機　116
スターバックス　45-46
スターリニズム　94-98
精神分析　9, 12-13, 22-24, 124

た行

対話の拒絶　138-139
磔刑　169
脱構築　25-26
タリバン　53-55
地球のためのマニフェスト　42
超自我　73-75, 77-79, 99-100, 103, 107-
　　109, 157-158
　　超自我の超克　120-126
定言命法　158
『ドン・ジョヴァンニ』　140-141

な・は行

ナチズム　92-94, 97
反資本主義　45-46
非合理性　97-98
ビデオゲーム　172
貧困　43-47
父権的権威　103-105
不道徳な倫理　135-143, 153-154
フランス革命　144-151
文明の衝突　52-55
暴力と不能　154-155
ポストモダン　86, 88

ま行

マルクス主義　22-24
目の錯覚　129-130
メビウスの輪　129-130
モダニズム　86-87, 103

や行

欲望　109, 134-136, 140, 154-158
ヨブ　164-169

ら行

リオデジャネイロ（の食料暴動）　154
量子物理学　170-171
理論精神分析学会　12

わ行

わいせつさ　78-85
　　法のわいせつさ　81-85

原著者紹介

クリストファー・クル＝ワント（Christopher Kul Want）
ロンドン芸術大学セントラル・セントマーチンズ芸術学校で芸術理論と哲学の修士課程を担当している。イントロダクション・シリーズでは、「カント」（1996年）、「美学」（2007年）、「大陸哲学」（2012年）を担当、またPhilosophers on Art, From Kant to the Postmodernists: A Critical Reader（Columbia University Press, 2010）の編集者でもある。

ピエロ（Piero）
（生年不詳）ブエノスアイレス（アルゼンチン）のラ・プラタ芸術大学を卒業。ロンドン・ウェストミンスター・カレッジでアニメーションとマルチメディアについて学ぶ。英国王立芸術院の「ベストイラストレーター」を1998年と99年に受賞。「フォー・ビギナーズ」シリーズ『人類学』（現代書館、2021年）のイラストも担当している。

翻訳者紹介

望月由紀（もちづき・ゆき）
東都大学幕張ヒューマンケア学部教授。専攻は近代英哲学、ケア倫理。主要著作「ケアの思想としてのホッブズ」（『社会と倫理』、2022）、「発話行為と主体の成立、あるいは主体の受動性について」（『「倫理」における「主体」の問題』、御茶の水書房、2013）、訳書に、リサ・カートライト『X線と映画』（長谷正人監訳、青弓社、2021）、他。

INTRODUCING SLAVOJ ZIZEK
by Christopher Kul-want, illustrated by Piero
Text and illustrations copyright © 2012 Icon Books Ltd.
Japanese translation published by arrangement with Icon Books Ltd.
c/o The Marsh Agency Ltd through The English Agency (Japan) Ltd.

For Beginnersシリーズ 110

ジジェク

2023年10月30日　第1版第1刷発行

著者	クリストファー・クル=ワント
イラスト	ピエロ
訳者	望月由紀
発行所	株式会社現代書館
	〒102-0072 東京都千代田区飯田橋3-2-5
	電話 03-3221-1321 ファックス 03-3262-5906
	振替 00120-3-83725
	http://www.gendaishokan.co.jp/
発行者	菊地泰博
印刷所	平河工業社（本文）
	東光印刷所（カバー・表紙・帯）
製本	鶴亀製本
装幀	大森裕二
校正	塩田敦士